书写汉字的要求

书写汉字的基本要求一是规范 二是字形结构端正 重心平稳 做到上述两点 需要注意以下几个方面 汉字笔画 楷体与宋体字形上的差异 避让 避重捺 合体字的构字方式 关注个别汉字字形

傅永和 著
刘栋慧 编

西泠印社出版社

目录

前言   01

第一章
汉字笔画   001

第二章
楷体与宋体字形上的差异   009

第三章
避让   029

第四章
避重捺   037

第五章
合体字的构字方式   041

第六章
关注个别汉字字形   049

附录
唐·灵飞经   054

前言

我 1966 年北京大学中文系毕业后分配到中国文字改革委员会（国家语言文字工作委员会的前身）工作。令我终生难忘的是 1978 年底至 1986 年 6 月 24 日国务院决定重新发表《简化字总表》这八年的光阴。

1977 年 12 月 20 日，经国务院批准，中国文字改革委员会发表《第二次汉字简化方案（草案）》，在全国征求意见。1978 年底，中国文字改革委员会组成七人小组全面审视中华人民共和国成立以来的汉字整理和简化工作，总结正反两方面的经验，对《第二次汉字简化方案（草案）》进行修订。七人小组成员有北京大学中文系教授王力、中国社会科学院语言研究所所长吕叔湘、中国科学院声学研究所所长马大猷、人民教育出版社教育家叶圣陶、中国文字改革委员会研究员倪海曙、国家出版局局长陈翰伯、中国文字改革委员会副主任叶籁士。我负责七人小组会议记录。七人小组每周三开会，一直坚持到 1986 年国务院决定重新发布《简化字总表》，历时八年。这八年，我从前辈身上学到的太多太多，从做人、做事到做学问，前辈们给我树立了榜样。他们对我有鼓励，有教诲，有严格要求，使我学到了在大学学不到的东西。在前辈的教导下，我在学业上不断进步。《书写汉字的要求》一文中提到的一些内容，都是在前辈指导下经过研究形成的研究成果。现列举如下：

在一次七人小组会议上，讨论如何科学评价汉字。吕叔湘先生讲，汉字确有繁难的一面，但也有简单的一面。如"大"字上边加一横变成"天"，加一撇变成"夭"，加一点变成"犬"或"太"，构字既简单，又经济。

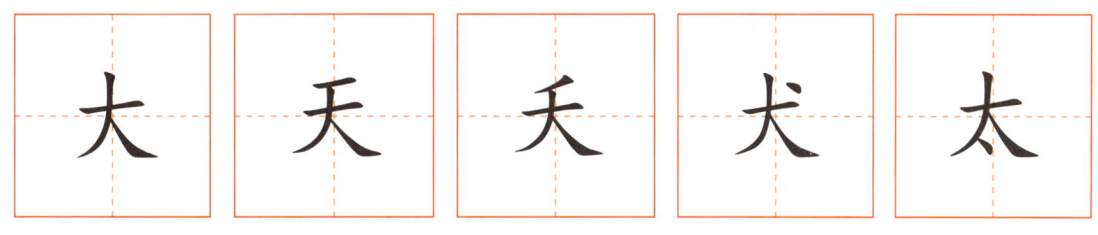

会后，吕叔湘先生让我分析、研究现行汉字的构成，研究成果可在《中国语文》或《中国语文天地》发表。我经过两年多的分析、研究，写成《现行汉字的构成》一文，经吕叔湘先生审定后于 1986 年在《中国语文天地》（第十二期）上发表。

在分析现行汉字构成的过程中，我发现汉字笔画组成独体字有很强的规律性，其笔画与笔画组合关系只有三种，即相离、相接、相交组合关系。如"丿"和"㇏"组合，按相离组合关系组合构成"八"字，按相接组合关系组合构成"人"字和"入"字，按相交组合关系组合构成"乂"字。

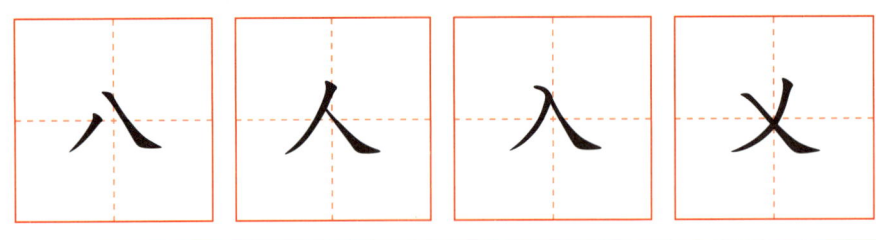

于是，我写了《浅析汉字的笔画组合关系》一文，于 1986 年 2 月 18 日在《光明日报》上发表。文章发表后引起学界的重视。日本《罗马字的日本》月刊全文译载了《浅析汉字的笔画组合关系》一文。1986 年 5 月 27 日，《光明日报》刊载了《橘田广国评〈语言文字〉文章》，全文如下：

  日本《罗马字的日本》月刊，不久前全文译载了《语言文字》专刊今年二月十八日发表的《浅析汉字的笔画组合关系》（下称《浅析》，作者傅永和）一文，译者橘田广国先生还撰写评论指出："在日本，'五种基本笔画'的观念，原本是没有的，尤其是'折'的概念，更没有。"所以，《浅析》一文给日本语言文字研究工作者提供了很多值得参考的东西。

  橘田广国先生对《浅析》中关于方块汉字左、右两角书写规范的阐述表示十分佩服，认为这使他获得了"新的知识"。他在评论中说，他曾参加过一个关于文字的讨论会，出席会议的都是大学教授、语言学家等高级知识分子，偶然提到"蒸发"的"蒸"怎么写的问题。结果，没有一个人能正确书写。他认为，傅永和的《浅析》从某种意义上讲，为他们解决了这一问题。

  橘田广国先生是日本知名语言文字学专家，他曾翻译过不少中国语言文字等方面的著述。

  1980 年 8 月，国家出版局委托中国印刷物资公司组织北京新华字模厂、湖北丹江字模厂、上海印刷技术研究所召开研究创写印刷新字体座谈会，我参加了会议。会后，在七人小组会议上我汇报了会议情况。国家出版局局长陈翰伯说，中国文字改革委员会负责审定字模师书写的字稿，字稿经审定合格后方可制作铜质字模。你要了解并深入掌握四种印刷字体各自的风格，掌握印刷宋体与印刷楷体间字形上的差异，要写文章进行宣传。在陈翰伯局长的鼓励下，我多次到北京新华字模厂实习，看字模师如何书写字稿，向字模师请教书写字稿的工艺要求。经过多年的学习和实践，我可以独立审定全国三个字模厂字模师送审的四种印刷字体的字稿，并写成《浅析汉字的四种印刷字体》一文，于1993年在《语文建设》杂志（第五期）上发表。我把文章送给陈翰伯局长看，陈翰伯局长说，写得太专业，要再通俗一点，让一般人一看就懂。后来，我把四种印刷字体的字体风格进一步概括，力求通俗易懂。具体描述如下：

 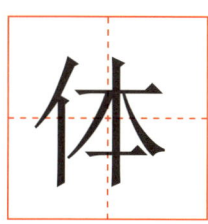

字形清秀、挺拔有力、笔画平直、装饰合理。

清秀挺拔、横笔斜势、起笔顿挫、收笔出棱。

笔画秀丽、舒展流畅、起收笔处顿笔。

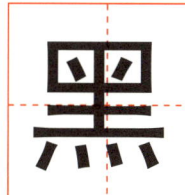 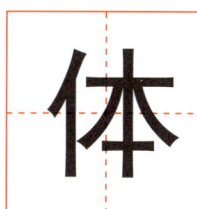

笔画粗细协调、笔画空间布白均匀。

修改后的四种印刷字体的风格描述，得到了陈翰伯局长的肯定。

与此同时，我花了大量的时间分析对比印刷宋体与印刷楷体间的字形差异，分析结果送给陈翰伯局长审阅。

陈翰伯局长阅后非常满意，建议写成文章发表，扩大影响。后来，这一研究成果作为2002年我主编的《常用汉英双解词典》的附录刊出。

有的同学给我写信问：用"己"构成的岂、铠、忌等字，其中的"己"不变形，而"凯"

字中的"岂"变形为"岂"对不对？我写了一篇短文答复"凯"字中的"岂"变形为"岂"是对的。

在一次七人小组会议上，叶圣陶先生对我说，你给学生所提问题的答复我看了，简明扼要，但有欠缺，你还应补充回答为什么"凯"中的"岂"要变形为"岂"，使学生知其然，知其所以然，后者比前者更重要。

带着叶圣陶先生提出的问题，我查阅了有关书法的著作，重新学习了1965年1月文化部和中国文字改革委员会发布的《印刷通用汉字字形表》，归纳汉字变形的几种情况，

经仔细分析研究，把末笔是横、末笔是捺、末笔是竖弯钩的字在特定条件下变形

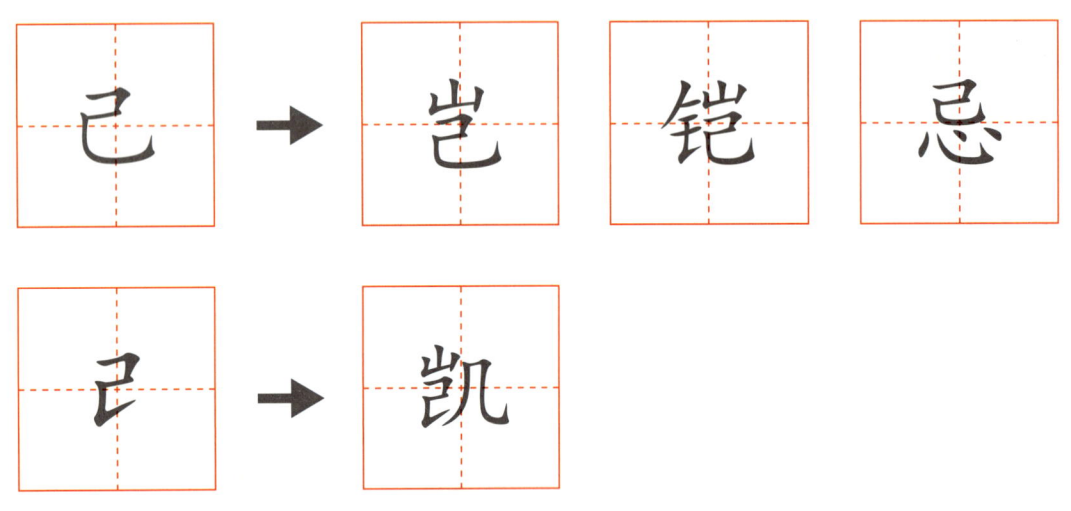

概括为"避让"，其目的是为了使汉字的结构方正；把合体字中两个或多个捺笔紧邻，其中的一个或多个捺笔要变形概括为"避重捺"，其目的是为了使汉字的结构重心平稳。

在一次七人小组会议上，王力先生提出：形声字是现行汉字的主体。但对现行汉字中形声字的声符哪些能准确表音，哪些已不能准确表音，哪些已根本不能表音，应该进行定量分析。马大猷先生说，语文教学需要，而且要作穷尽分析。会议决定由我牵头研究这一课题。

我利用计算机二进制方法进行了穷尽分析，得出8种分析结果。声符读音与形声字读音关系如下：

声　　韵　　调

声、韵、调都不同	○	○	○
只有声调相同	○	○	∣
只有韵母相同	○	∣	○
只有韵母声调相同	○	∣	∣
只有声母相同	∣	○	○
只有声母、声调相同	∣	○	∣

只有声母韵母相同
Ⅰ　　Ⅰ　　○

声韵调都相同
Ⅰ　　Ⅰ　　Ⅰ

我把上述分析统计结果写成《应对形声字进行定量分析》一文，于 1987 年 9 月 15 日在《光明日报》上发表。

在《书写汉字的要求》一书出版之际写此前言，以表我对前辈的深深敬意和感念。

傅永和

2017.07.13

参考文献

［1］傅永和.汉字七题［M］.郑州：河南教育出版社，1993.
［2］傅永和.中文信息处理［M］.广州：广东教育出版社，1999.
［3］傅永和.现行汉字的构成［J］.中国语文天地，1986(6).

第一章 书写汉字的要求

汉字笔画

汉字笔画

汉字笔画是汉字从篆书变到隶书之后才产生的。汉字在甲骨文、金文、篆书阶段，可以说是由线条构成的，直到隶书阶段才从线条变成笔画。

晋朝卫夫人在其《笔阵图》一文中，把汉字的笔画分成"一""、""丿""丨""乀""乚""乛"七种，但没有给七种笔画定名。

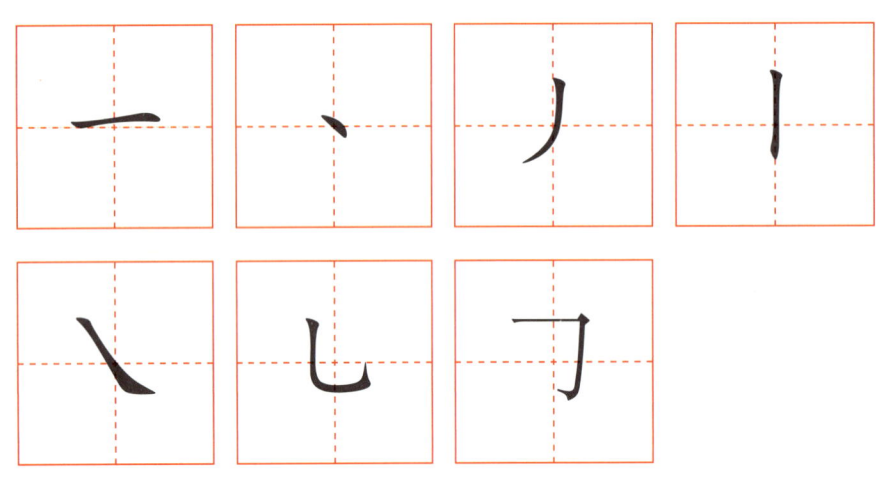

直到唐朝张怀瓘作《永字八法》，才定出八种笔画的名称，即侧（现称点）、勒（现称横）、努（现称竖）、趯（现称钩）、策（现称挑）、掠（现称撇）、啄（现称短撇）、磔（现称捺）。

此后，人们划分汉字的笔画渐趋细密，笔画的名称也日趋统一。

现在，一般把汉字的笔画分为两类：

一类是不曲折的笔画，称为平笔；

另一类是曲折的笔画，称为折笔。

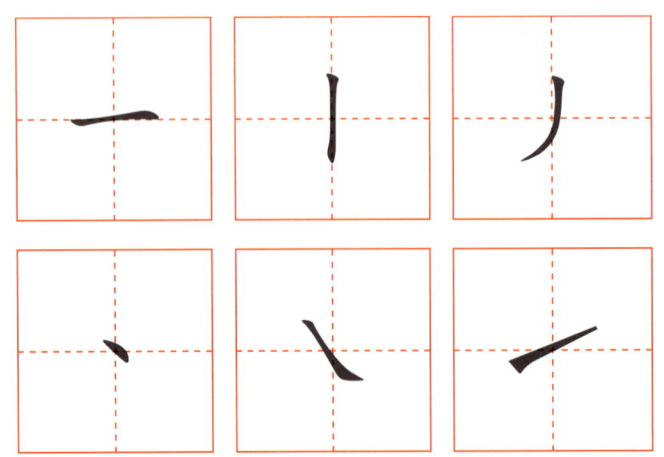

平笔笔画有六种，即"一"（横）、"丨"（竖）、"丿"（撇）、"丶"（点）、"㇏"（捺）、"㇀"（提）。

其中（提）不单独列出，而是包括在一（横）中，是一（横）的变形。㇏（捺）也不单独列出，而是包括在"丶"（点）中。经过上述归并，汉字的平笔笔画变成"一""丨""丿""丶"四种了。

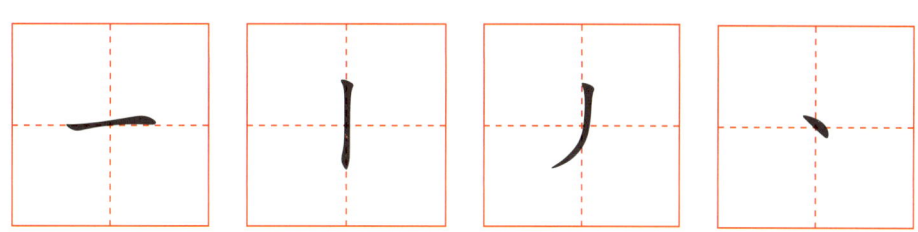

汉字中的曲折笔画分为单折笔和复折笔两种。传统上把单折笔和复折笔统称为折笔，用"⁻"表示，按一种计算。这样，汉字中的平笔和折笔加起来共有五种，即"一""丨""丿""丶""⁻"。

这五种笔画称为汉字的基本笔画。

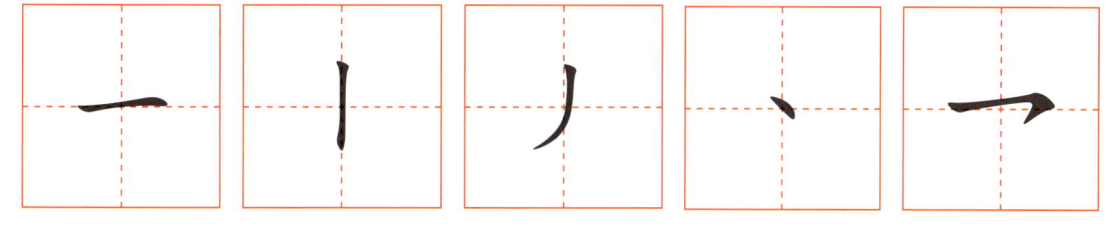

书写汉字的笔画，需注意以下几点：

1. 人们在书写汉字的笔画时容易变形，特别是比较短的笔画，变形得更厉害。
如短横、短竖、短撇、短捺，书写时易变成点；
2. 笔画与笔画之间的相对位置不稳定。
如"木"字的撇和捺，书写时多数都移位，即向下移位，造成汉字的重心下移；
3. 汉字的结构是否端正，决定于水平笔画和垂直笔画的长短。
如果书写时水平笔画过长，其字形结构变成横宽；如果垂直笔画过长，其字形结构变成竖长。不仅如此，还会造成文字间的间距不均等；
4. 汉字结构的重心是否平稳，决定于撇笔和捺笔的位置及其长短，书写时位置不当或笔画过长，则会造成字的重心不稳。

如果撇笔由正确的位置移至字的左下，重心便向左下倾斜；如果捺笔由正确的位置移至字的右下，重心便向右下倾斜；

5．书写楷体汉字时需做到汉字笔画横平、竖直，但人们手写时往往难以做到。

比较普遍的现象是：写横画时向右上方倾斜，写竖画时，落笔有的稍微偏左，有的稍微偏右。

汉字分为独体字和合体字，独体字是由笔画构成的。

分析独体字的构成方式称为结字法。那么，笔画与笔画是怎样构成独体字的呢？这就需要分析汉字笔画组合关系。

汉字笔画组合关系只有三种，即离、接、交。

如笔画"丿"和"乀"的组合，按相离组合关系则构成"八"字，按相接组合关系构成"人"字或"入"字，按相交组合关系则构成"乂"（yì）字。

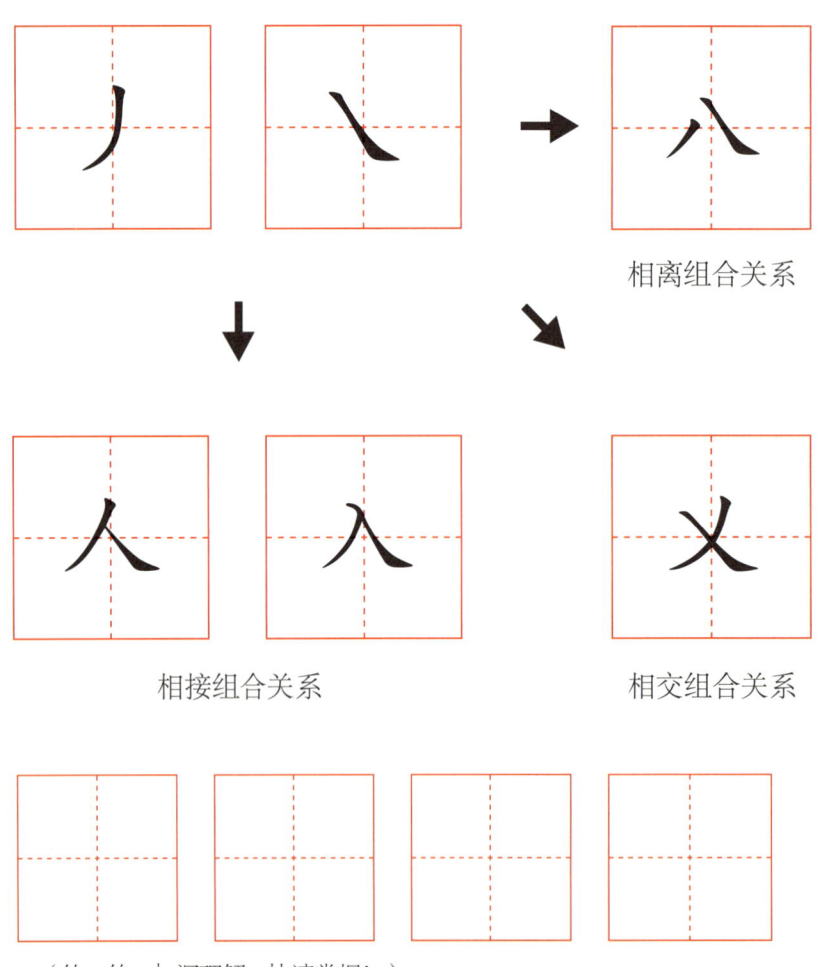

（练一练，加深理解，快速掌握！）

再如楷体的"田、由、甲、申"四个字均为五画，都是由两个横画、两个竖画、一个折笔构成，静观这四个汉字的字形，其间的字形差别仅在于中间的"竖"与上下笔画组合关系的不同。

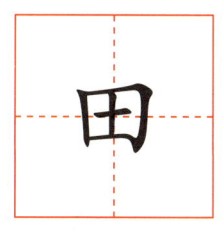
"田"中间的"竖"与上下笔画是相接组合关系；

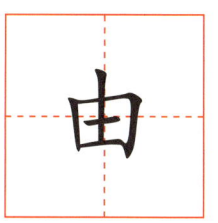
"由"中间的"竖"与上边笔画相交、与下边笔画相接组合关系；

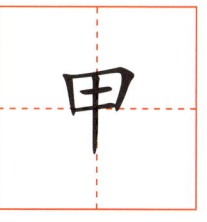
"甲"中间"竖"与上边笔画相接、与下边笔画相交组合关系；

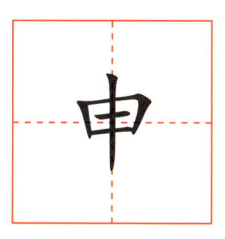
"申"中间的"竖"与上下笔画是相交组合关系。

书写这类字时，要辨明笔画间的组合关系。否则，极易误写。

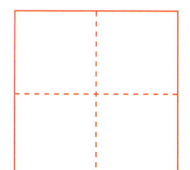 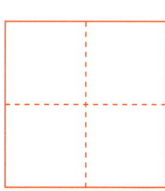 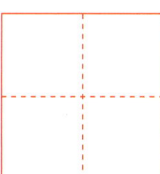 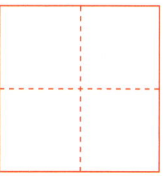

（练一练，加深理解，快速掌握！）

汉字中，有的笔画结构书写时极易误写。

如楷体的笔画结构"彐"（侵、扫、妇、灵、寻、雪、急、归、当、彗）和"ヨ"（唐、隶、康、逮、伊、君、尹、律、津、建、争、事、肃、庸），都是三画，都是由两个横画，一个折笔构成。其间的字形差别仅在于中间的横画与右边的笔画组合关系不同，前者为相离组合关系，后者为相交组合关系。

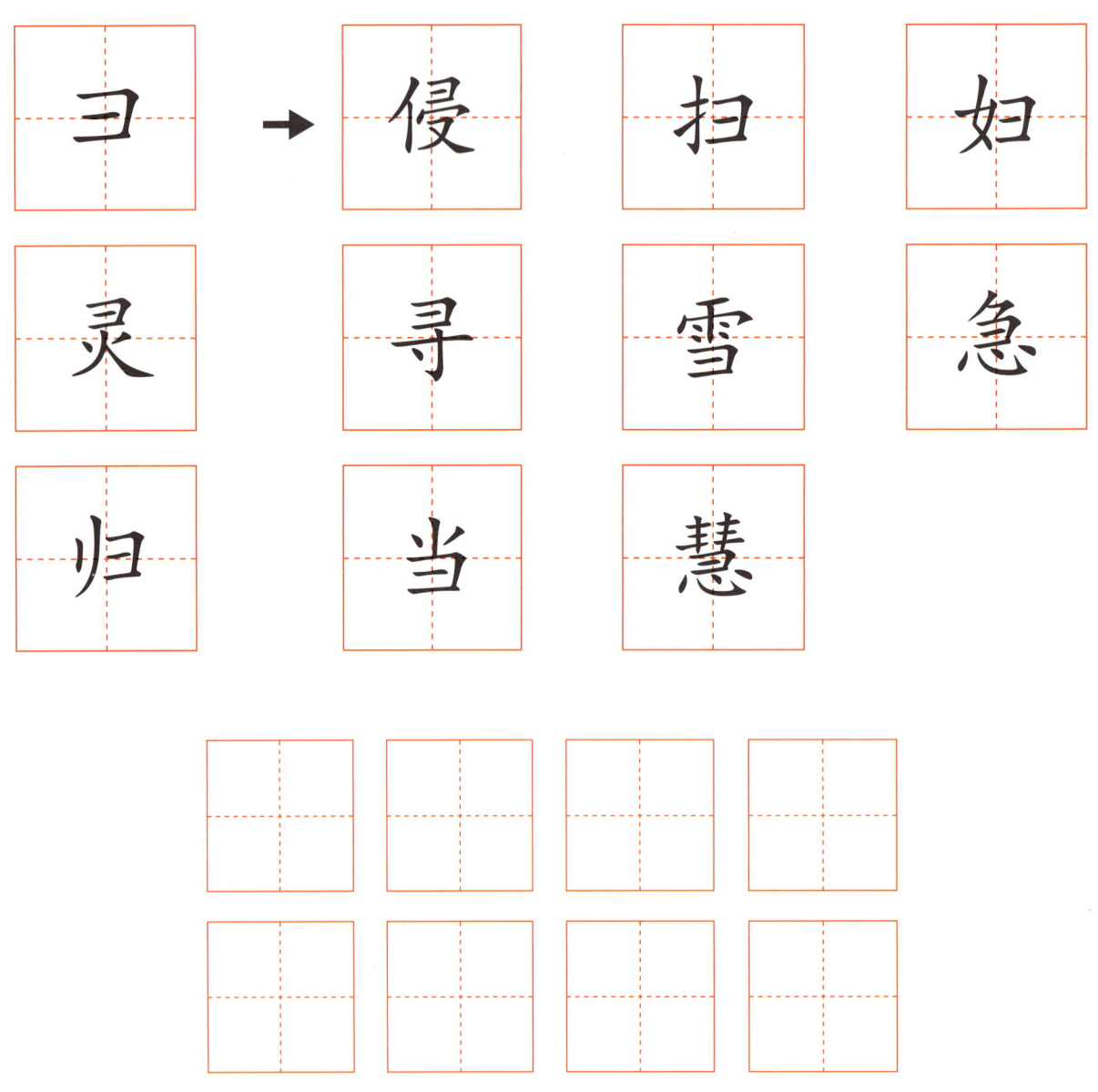

（练一练，加深理解，快速掌握！）

（练一练，加深理解，快速掌握！）

书写时要掌握辨析的规律：即凡中间有插笔穿过的写作"ヨ"，中间没有插笔穿过的写作"ヨ"（宋体写作"ヨ"，中间的横画与右边笔画相接）。

第二章 书写汉字的要求

楷体与宋体字形上的差异

楷体与宋体字形上的差异

汉字印刷字体有宋体、仿宋体、楷体、黑体四种。

宋体多用于书报正文，仿宋体多用于排印文件，楷体多用于中小学教材，黑体多用于标题、标语、广告等。

汉字的常用印刷体有宋体和楷体。

宋体的笔画横细竖粗（横与竖的粗度比在 1:3 至 1:5 之间，大号字则在 1:5 以上）、横平竖直、棱角分明、结构紧密、字形方正。

宋体的横画是起笔齐头，收笔成直角三角形；

竖画是上端向右突出一棱角，下端向上方斜成弧形；

撇是从上向左下方呈弧形弯曲，起笔向右突出一棱角，收笔渐细至尖；

点是形似瓜子，全以弧形连接，上尖下圆；

捺是起笔尖锐，下部粗壮，整笔向右下方斜成弦形，捺底略向内凹，左角顿，右角锐。

宋体字不适宜手写。

楷体的笔画圆浑，笔调灵活，字形结构端正、美观。

楷体的横画是锋出左上，落笔稍顿；

竖画是锋出左上，落笔稍顿；

撇画是锋出左上，落笔稍重；

点是下笔稍轻，锋出左上；

捺是锋出左上，落笔宜轻。

楷体字适宜手写。

在汉字字形整理前，宋体字形本身存在分歧，另外，宋体的字形结构和笔形与楷体的字形结构和笔形有较大的差别。

如宋体的"黙"，楷体作"默"，宋体的"眞"，楷体作"真"等。

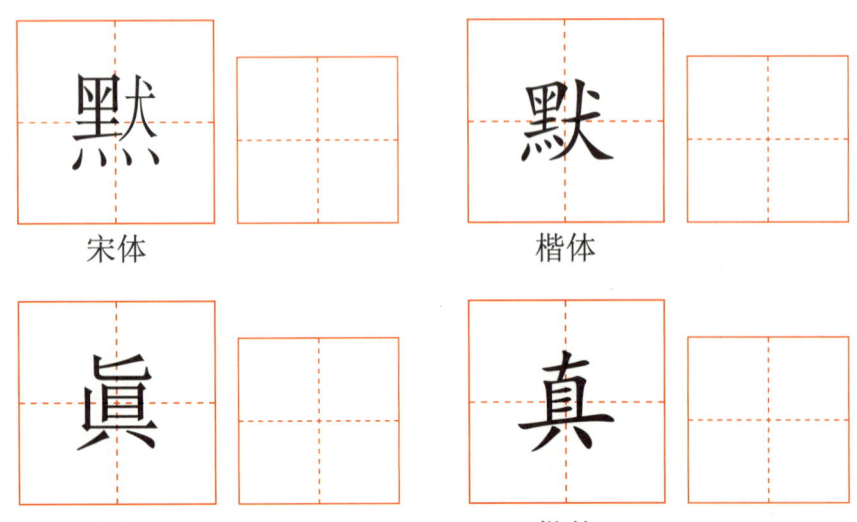

（练一练，加深理解，快速掌握！）

上述宋体与楷体之间字形结构和笔形上的差别，不仅给汉字识字教学增添了负担，也给各行各业的汉字应用带来不便。

为了解决上述问题，1965年国家对印刷宋体字形进行了整理。当时整理字形的一条重要原则是：消除印刷宋体本身的字形分歧，使宋体的字形结构和笔形尽可能向楷体靠拢。

整理后的印刷宋体，其本身的字形分歧消除了，宋体与楷体之间，绝大部分字在字形结构和笔形方面实现了统一，只有部分字还有些微差别，其间的差异主要表现在以下几个方面：

一、笔形上的差异

1. 宋体的笔形是"撇"，而相同结构部位的楷体笔形是"点"。如：

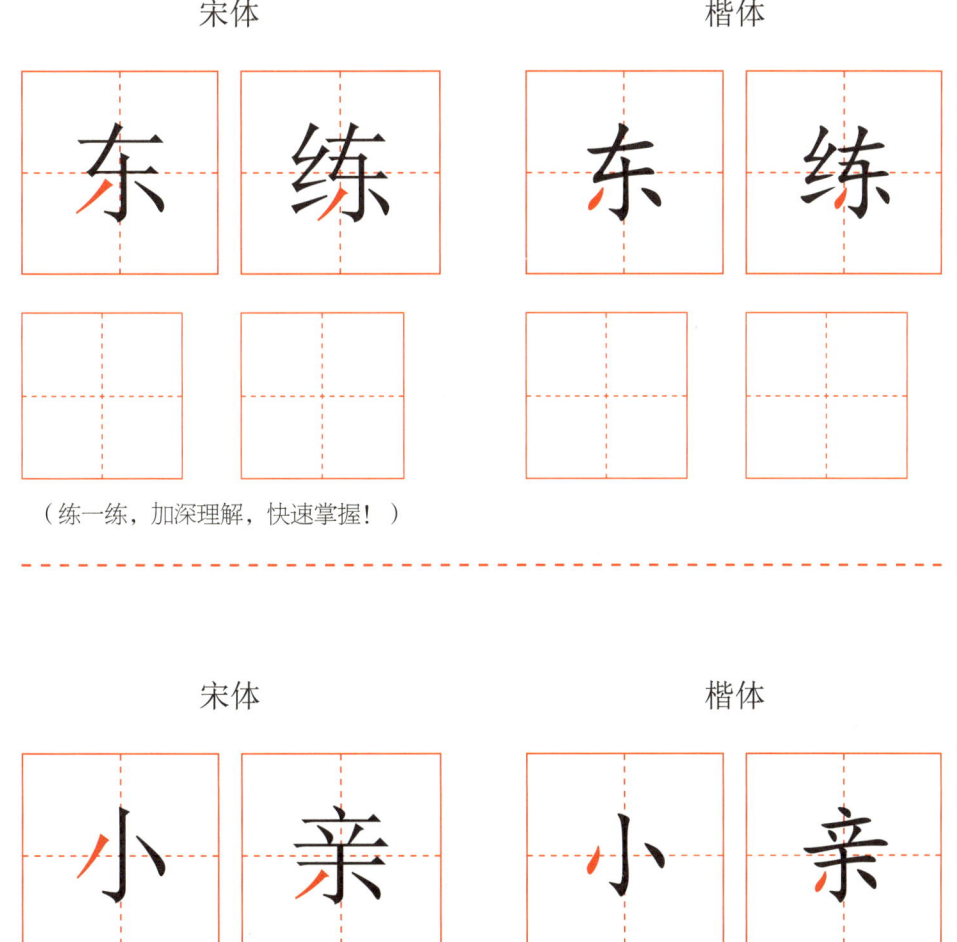

（练一练，加深理解，快速掌握！）

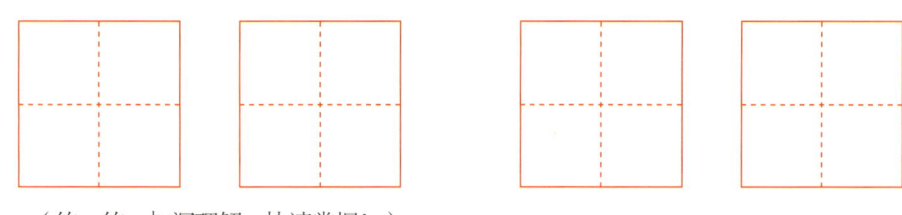

（练一练，加深理解，快速掌握！）

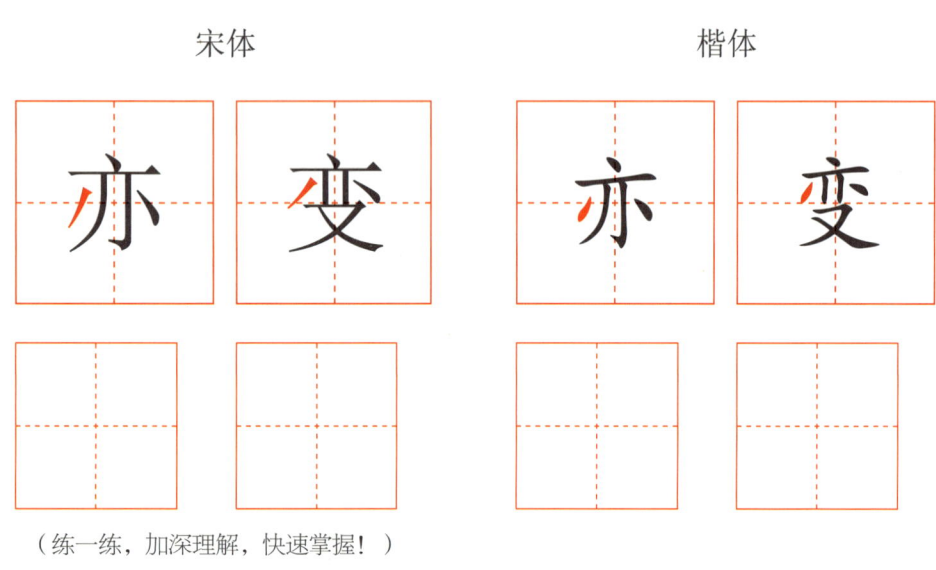

（练一练，加深理解，快速掌握！）

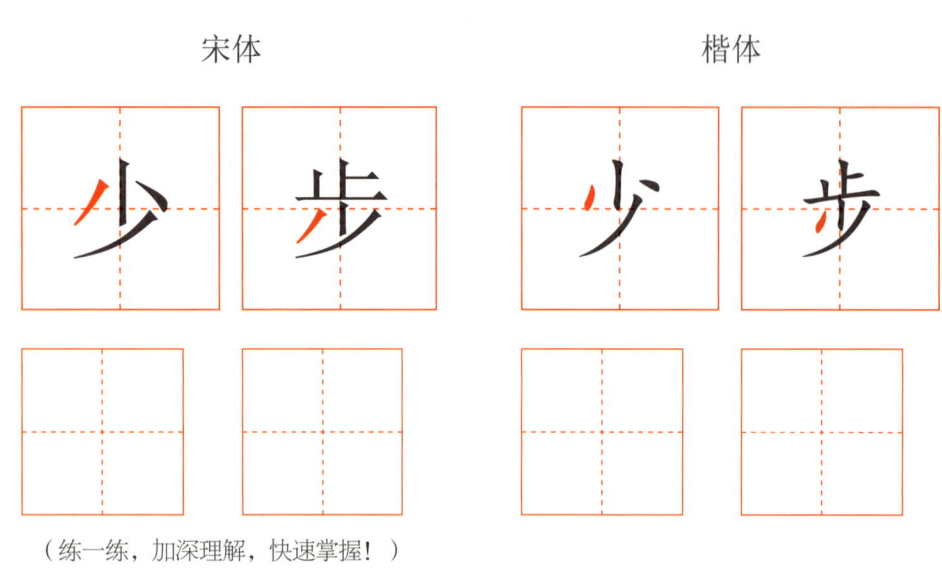

（练一练，加深理解，快速掌握！）

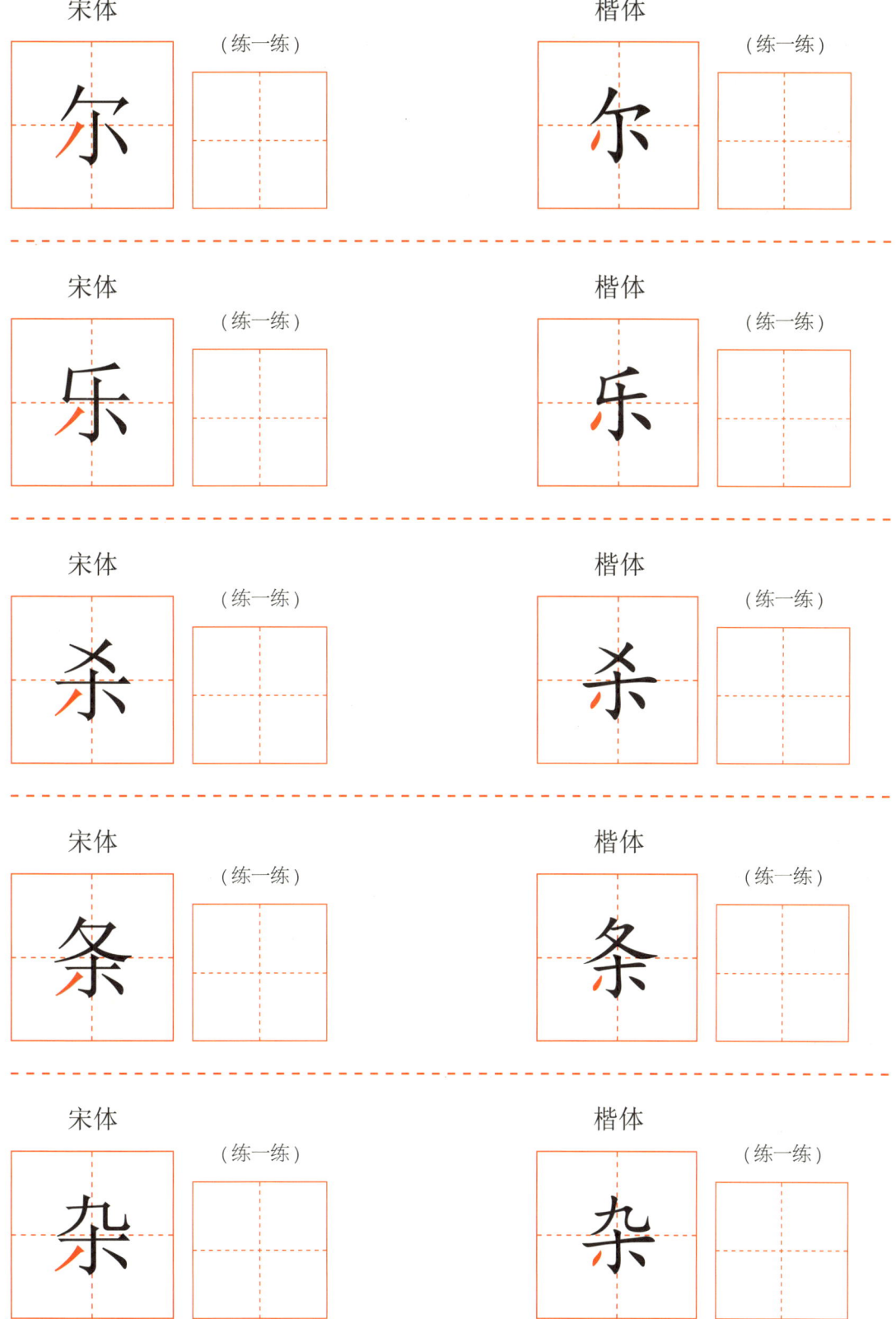

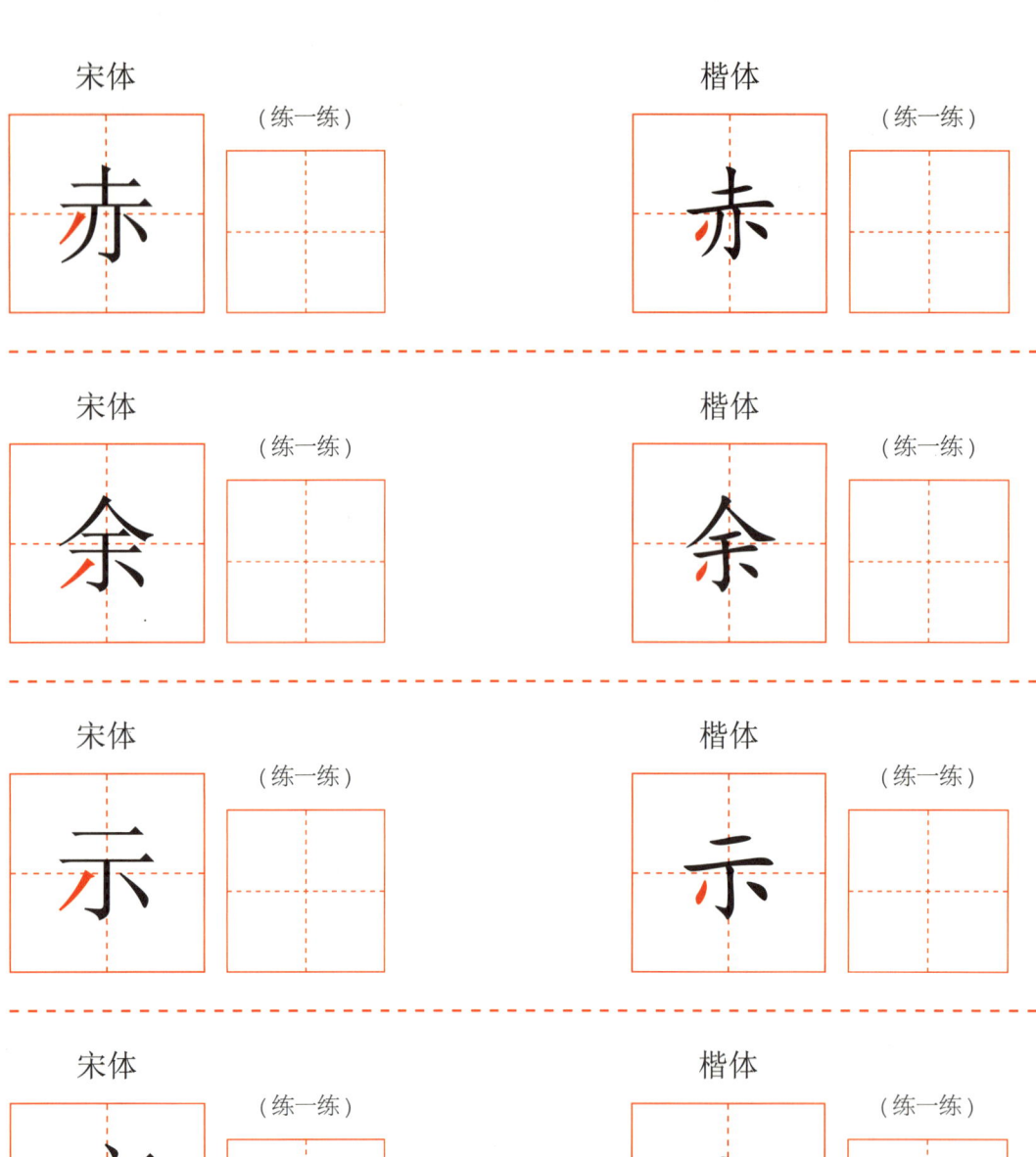

2. 宋体的笔形是"竖",而相同结构部位的楷体笔形是"撇"。如:

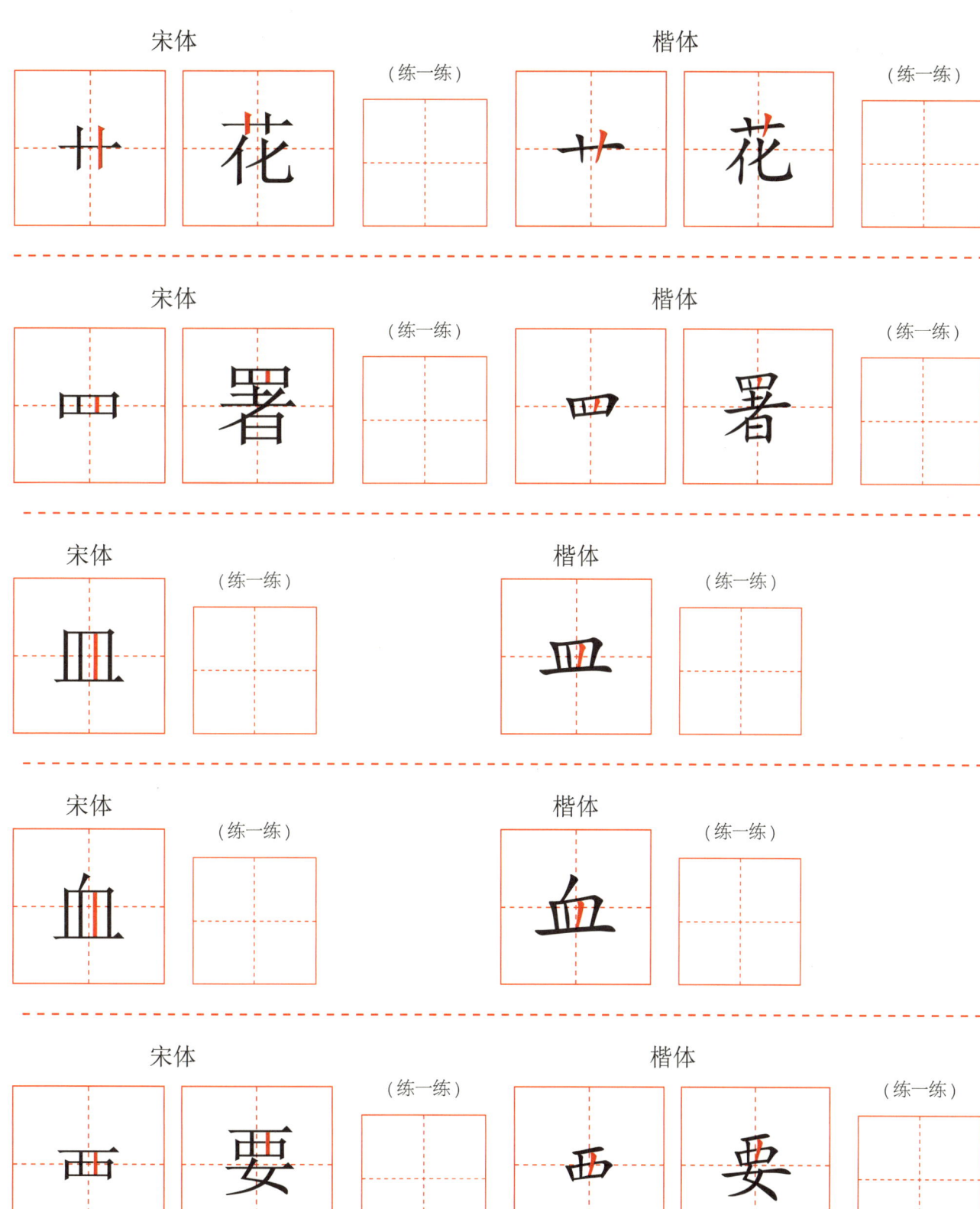

宋体　　　　　　　　　　　楷体

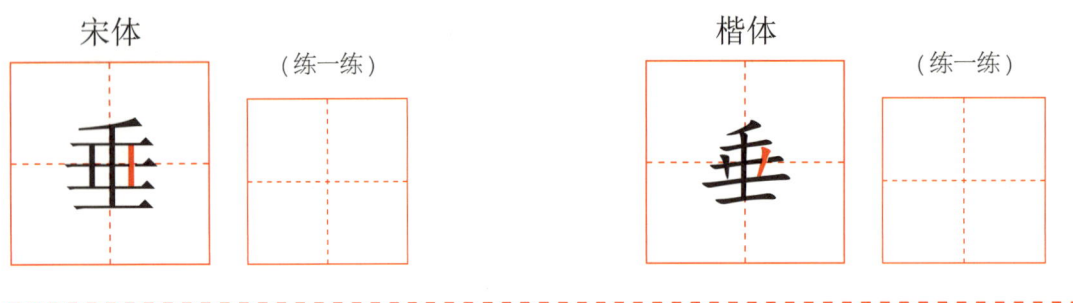

3. 宋体的笔形是"横"，而相同结构部位的楷体笔形是"提"。如：

宋体　　　　　　　　　　　楷体

舟　航　　　　　　　舟　航

（练一练）（练一练）　　　（练一练）（练一练）

宋体　　　　　　　　　　　楷体

琴　琵　　　　　　　琴　琵

（练一练）（练一练）　　　（练一练）（练一练）

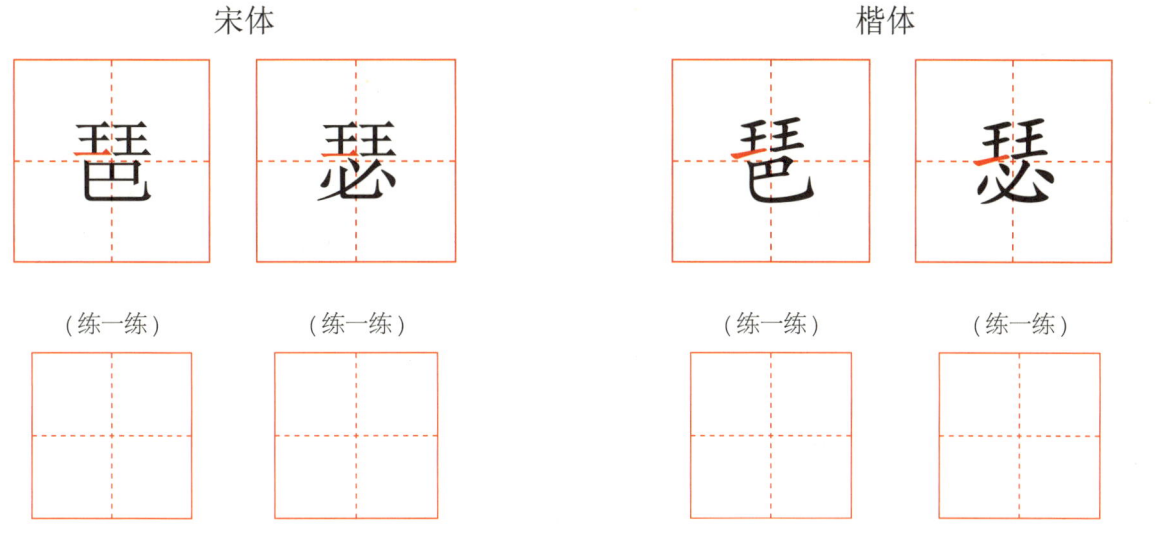

4. 其他笔形上的差异。如：

017

二、笔画组合关系的差异

1. 宋体的某一笔画与两边的笔画是相接组合关系，而相同结构部位的楷体其同一笔画与两边的笔画是左接右离。如：

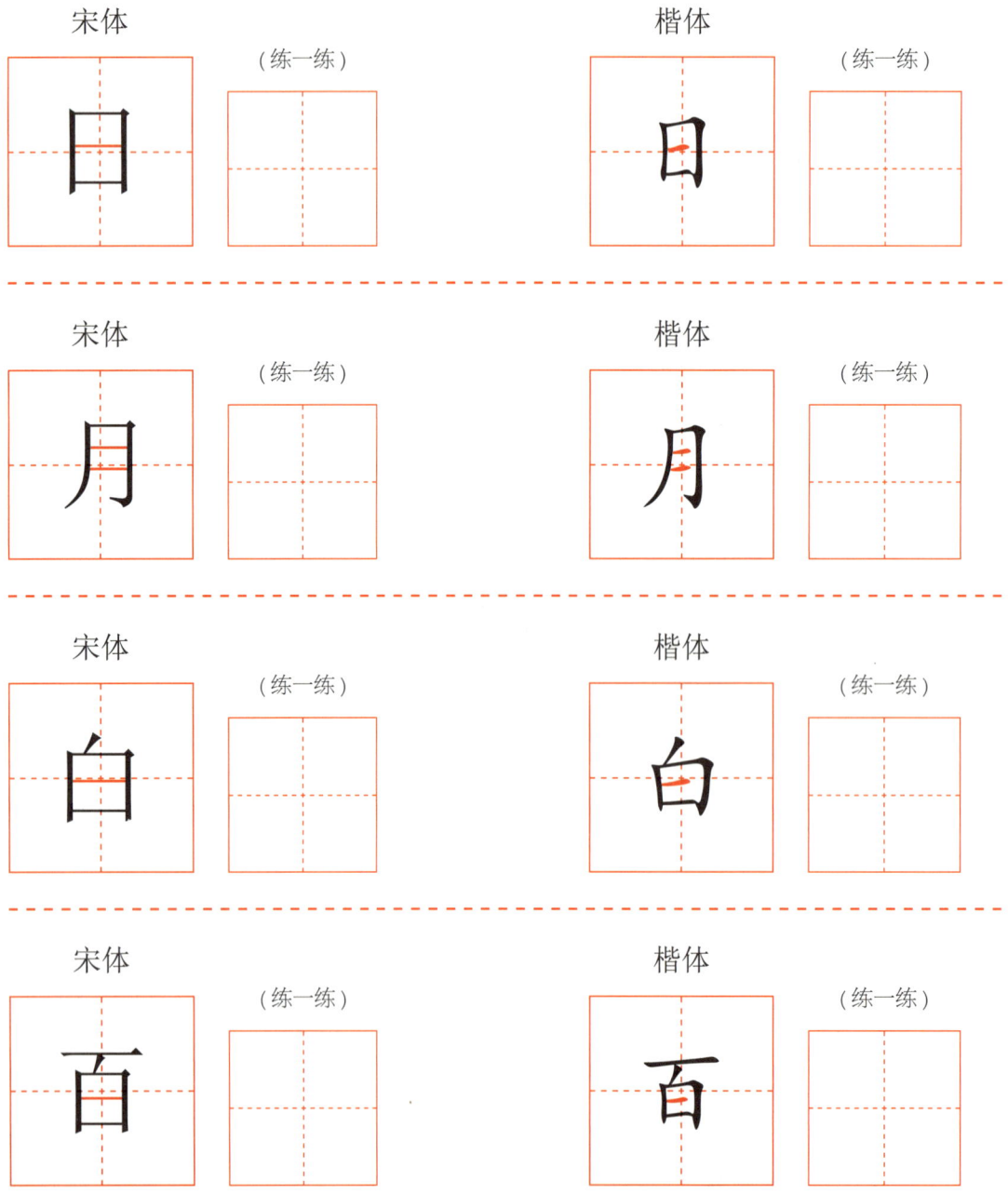

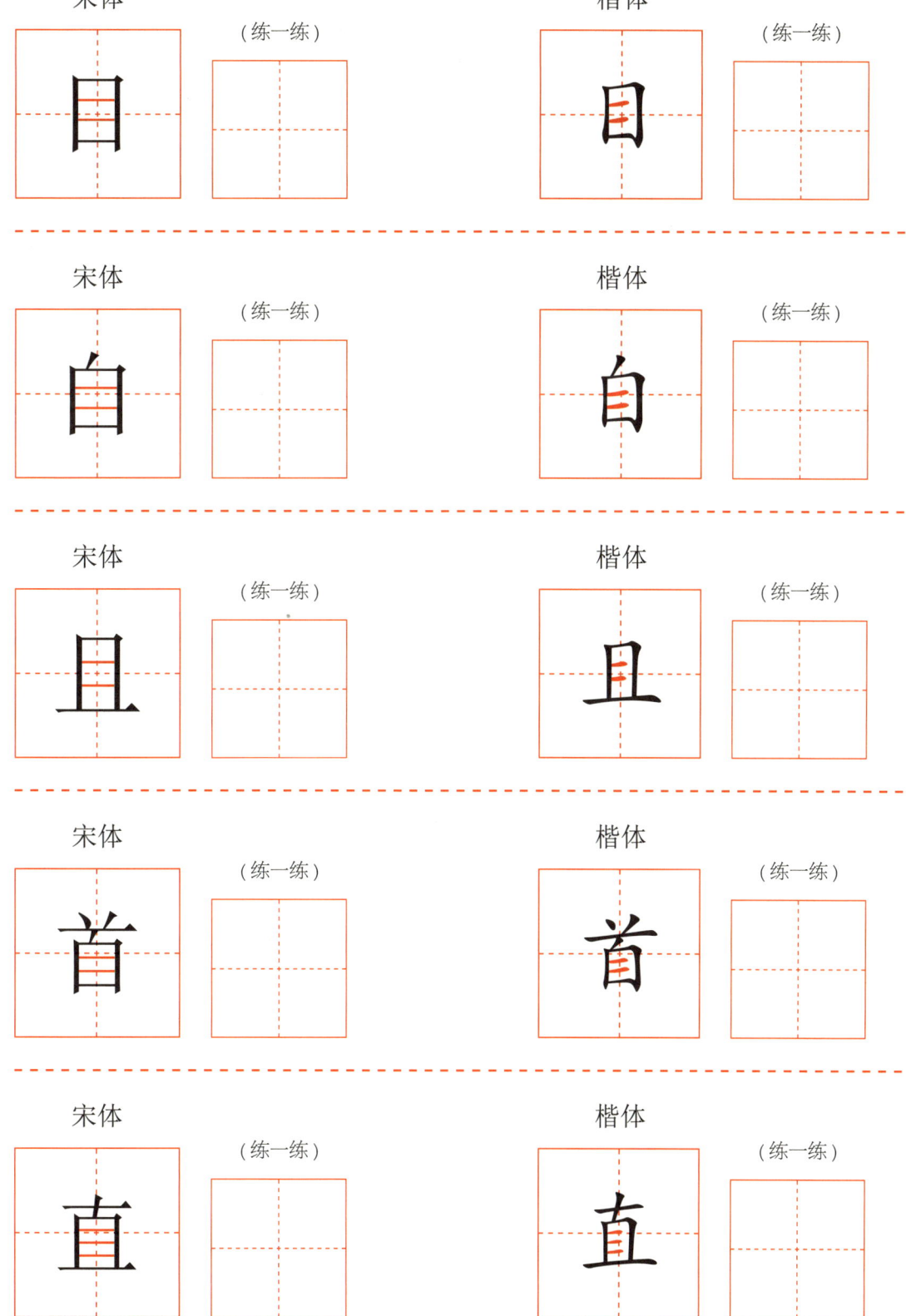

宋体

具

（练一练）

楷体

具

（练一练）

宋体

真

（练一练）

楷体

真

（练一练）

宋体

甘

（练一练）

楷体

甘

（练一练）

宋体

其

（练一练）

楷体

其

（练一练）

宋体

县

（练一练）

楷体

县

（练一练）

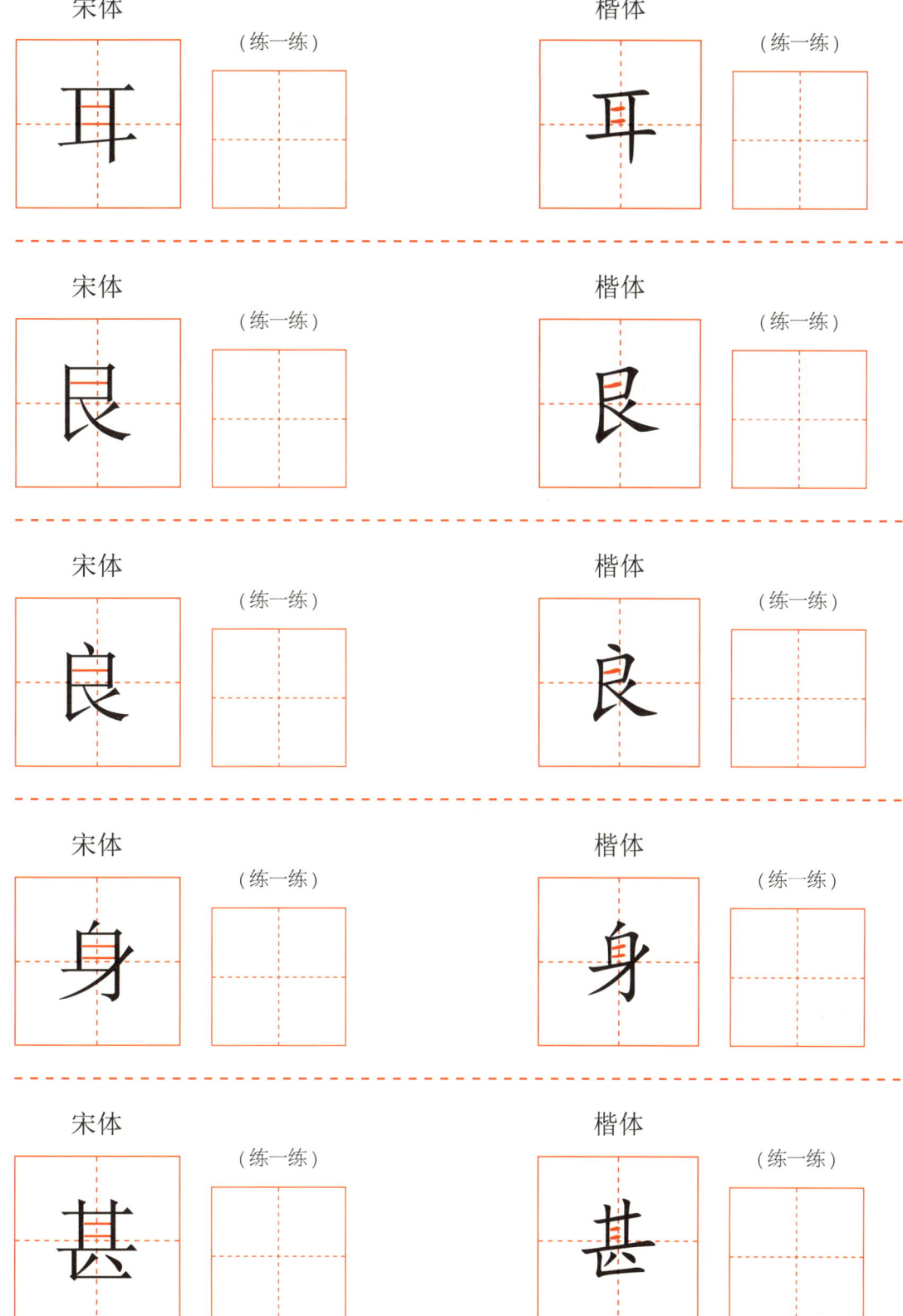

宋体　　　　　　　　　　　楷体

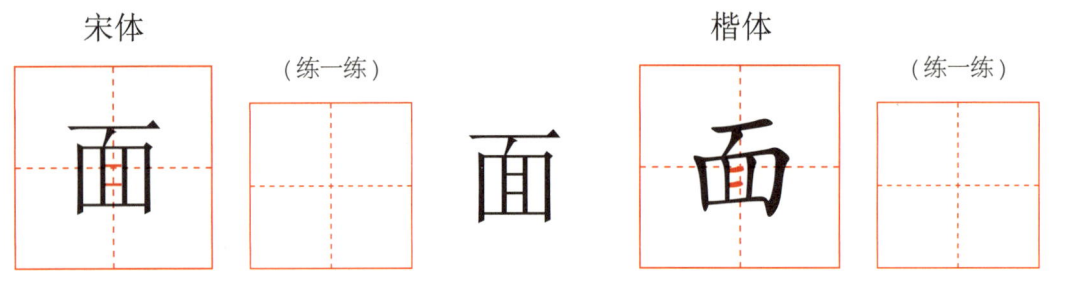

2. 宋体的某一笔画与两边的笔画是相接组合关系，而相同结构部位的楷体其同一笔画与两边的笔画是相离组合关系。如：

宋体　　　　　　　　　　　楷体

（田 宋体）（练一练）　　　（田 楷体）（练一练）

宋体　　　　　　　　　　　楷体

（由 宋体）（练一练）　　　（由 楷体）（练一练）

宋体　　　　　　　　　　　楷体

（甲 宋体）（练一练）　　　（甲 楷体）（练一练）

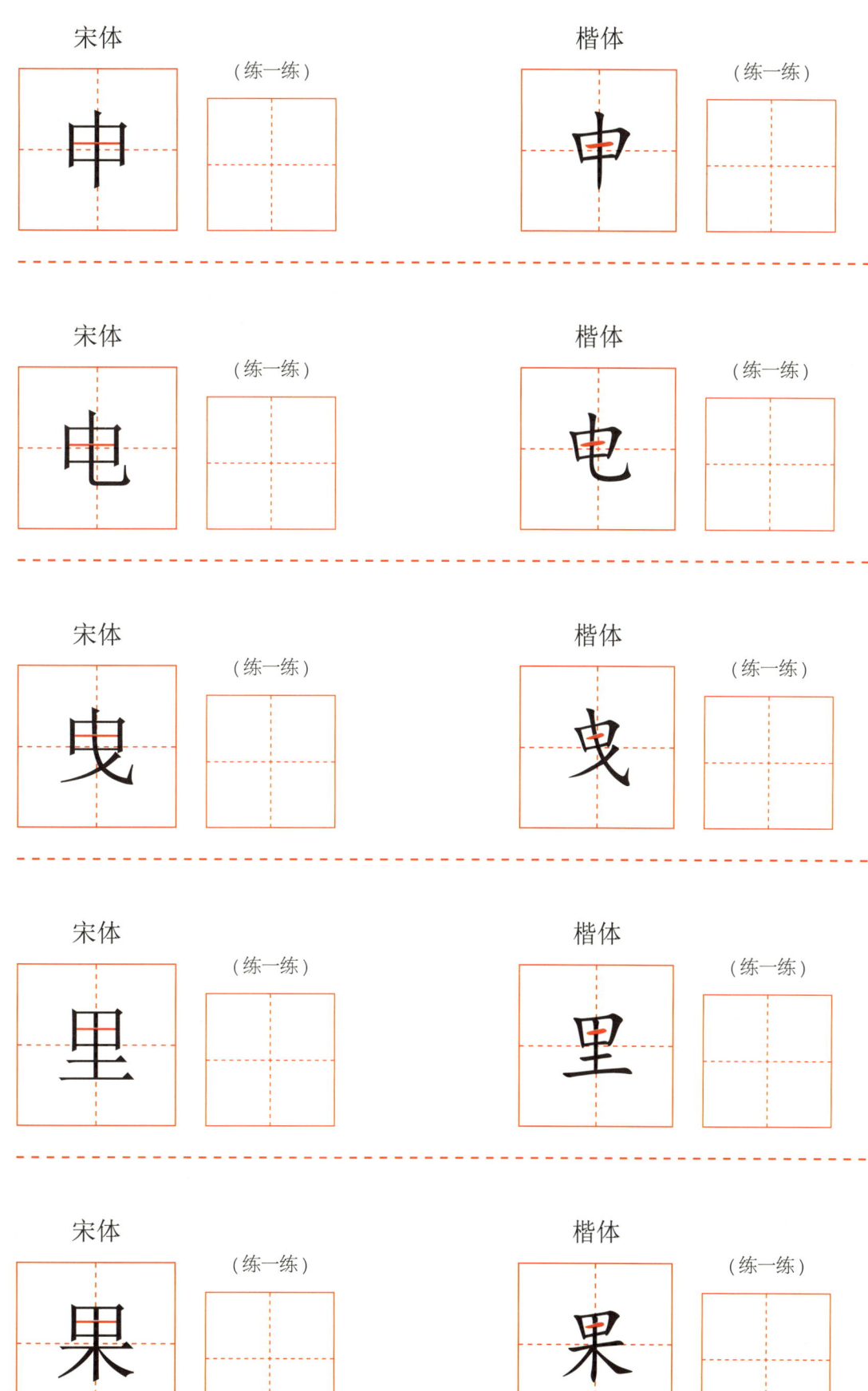

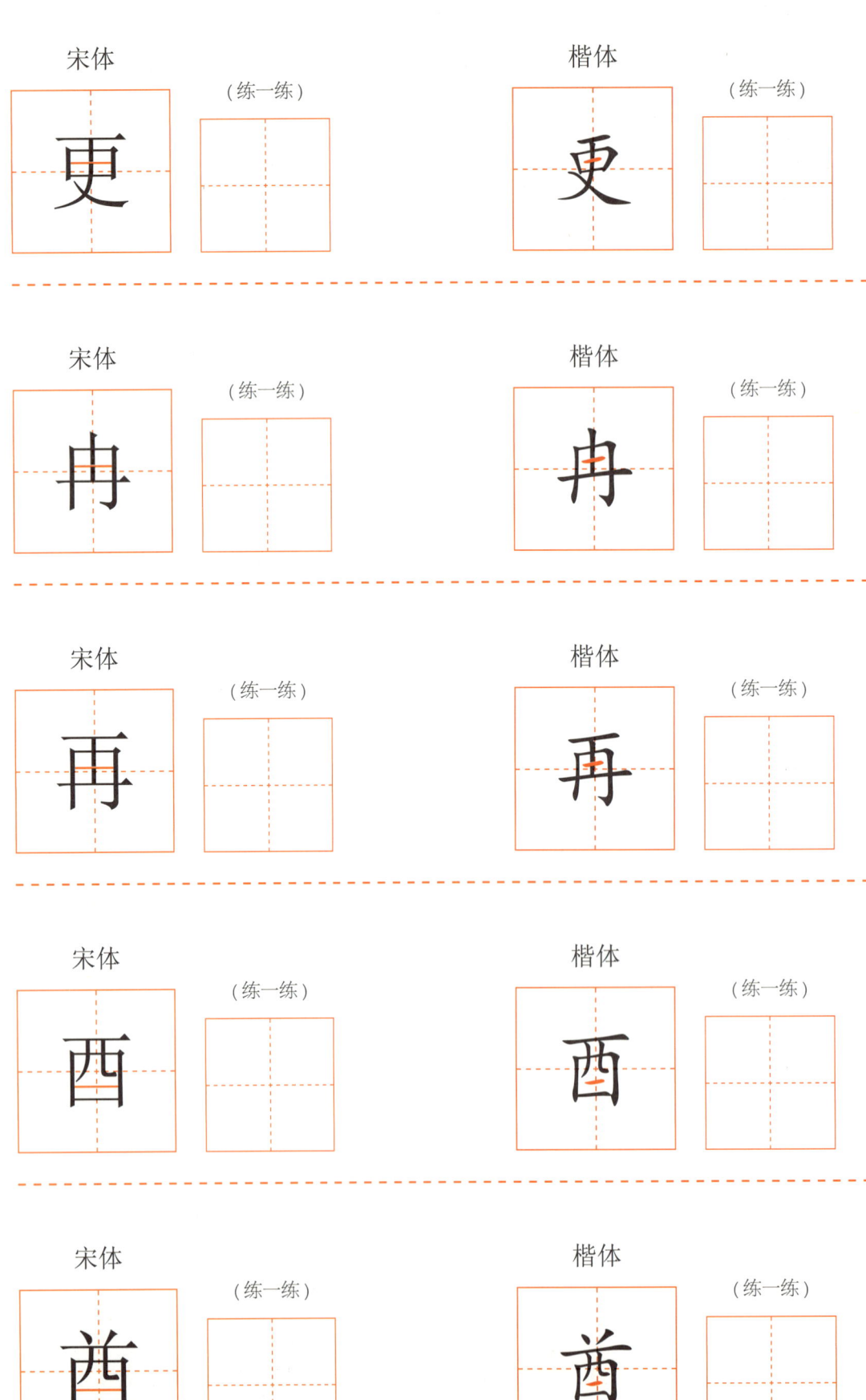

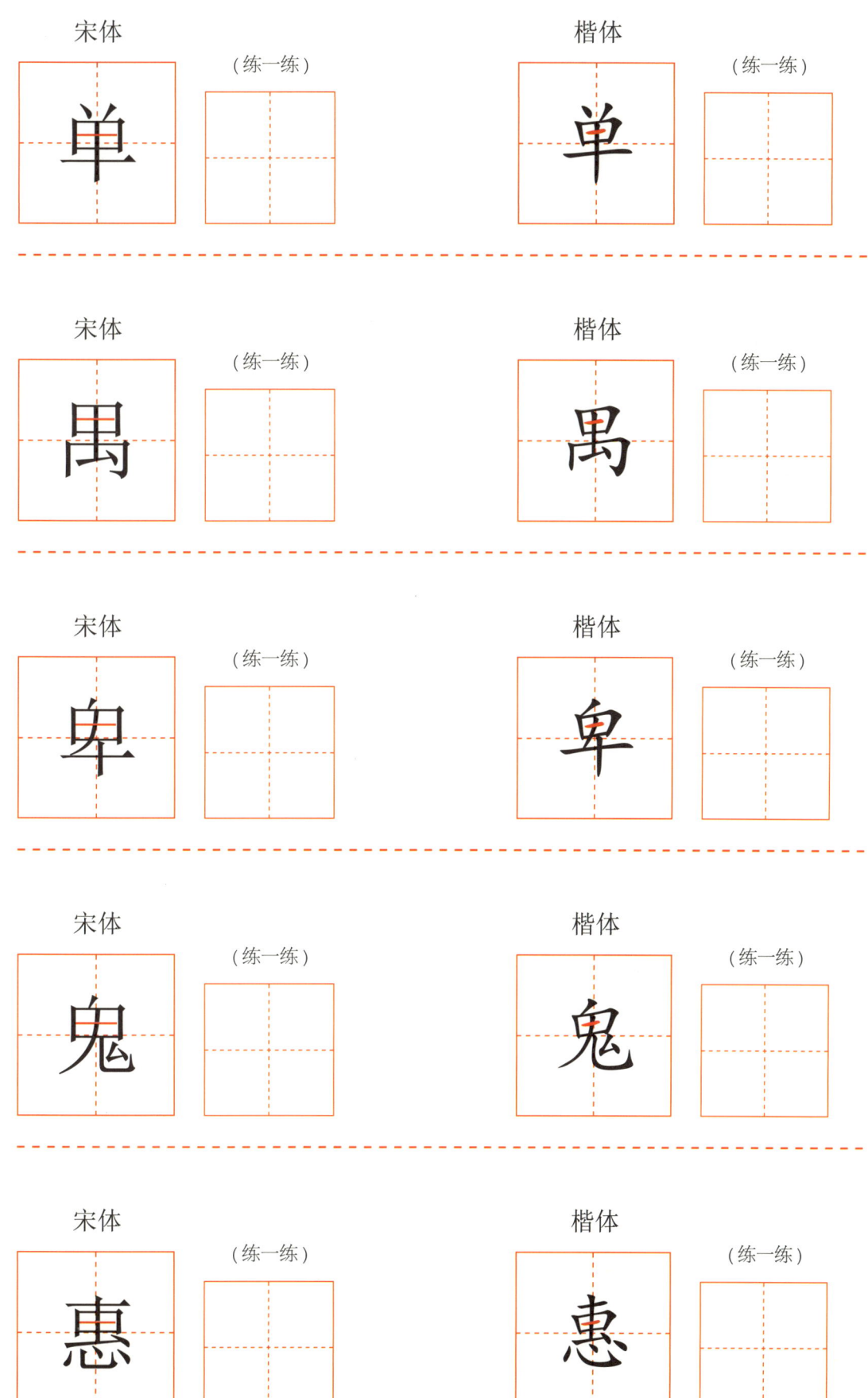

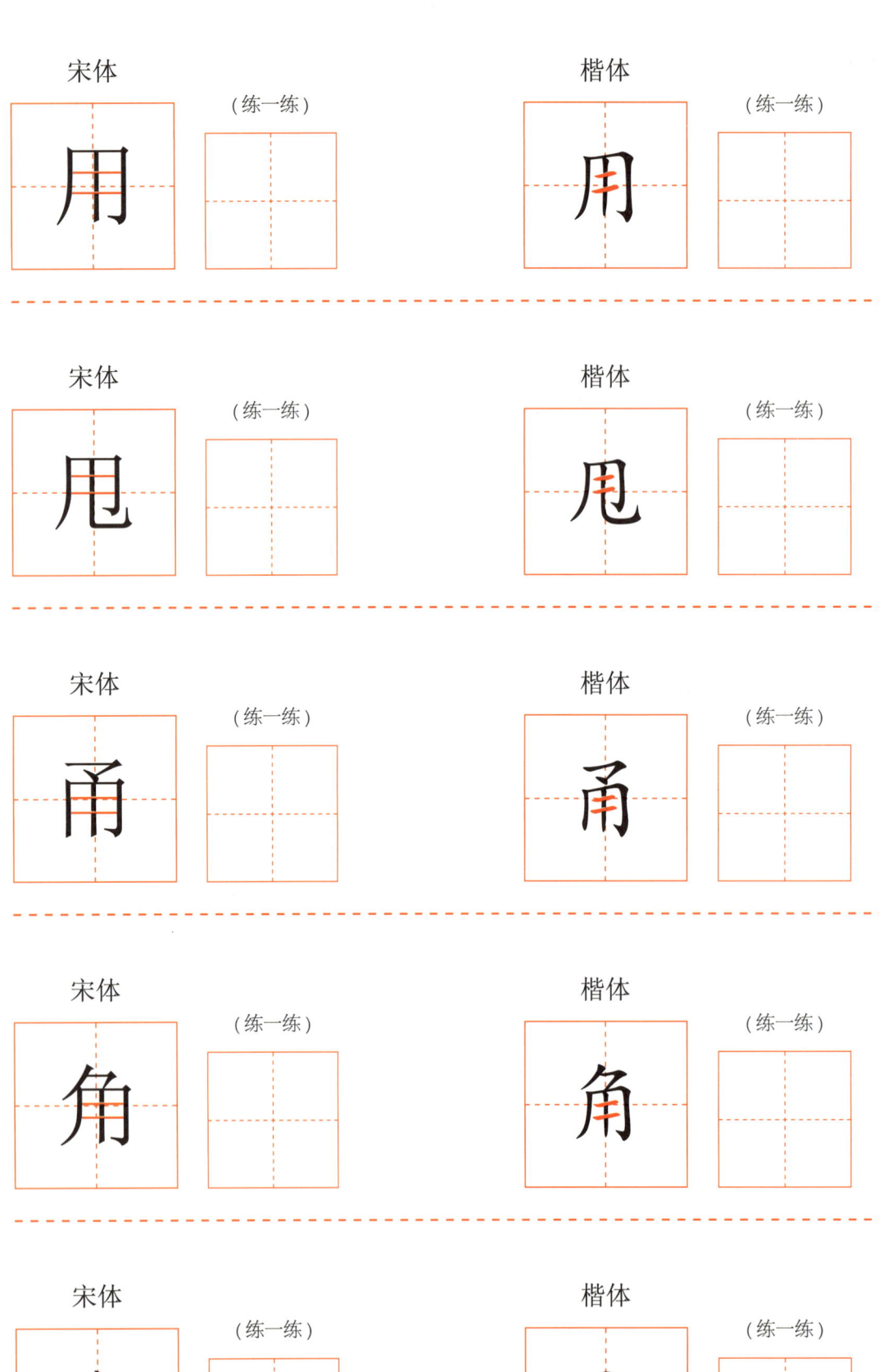

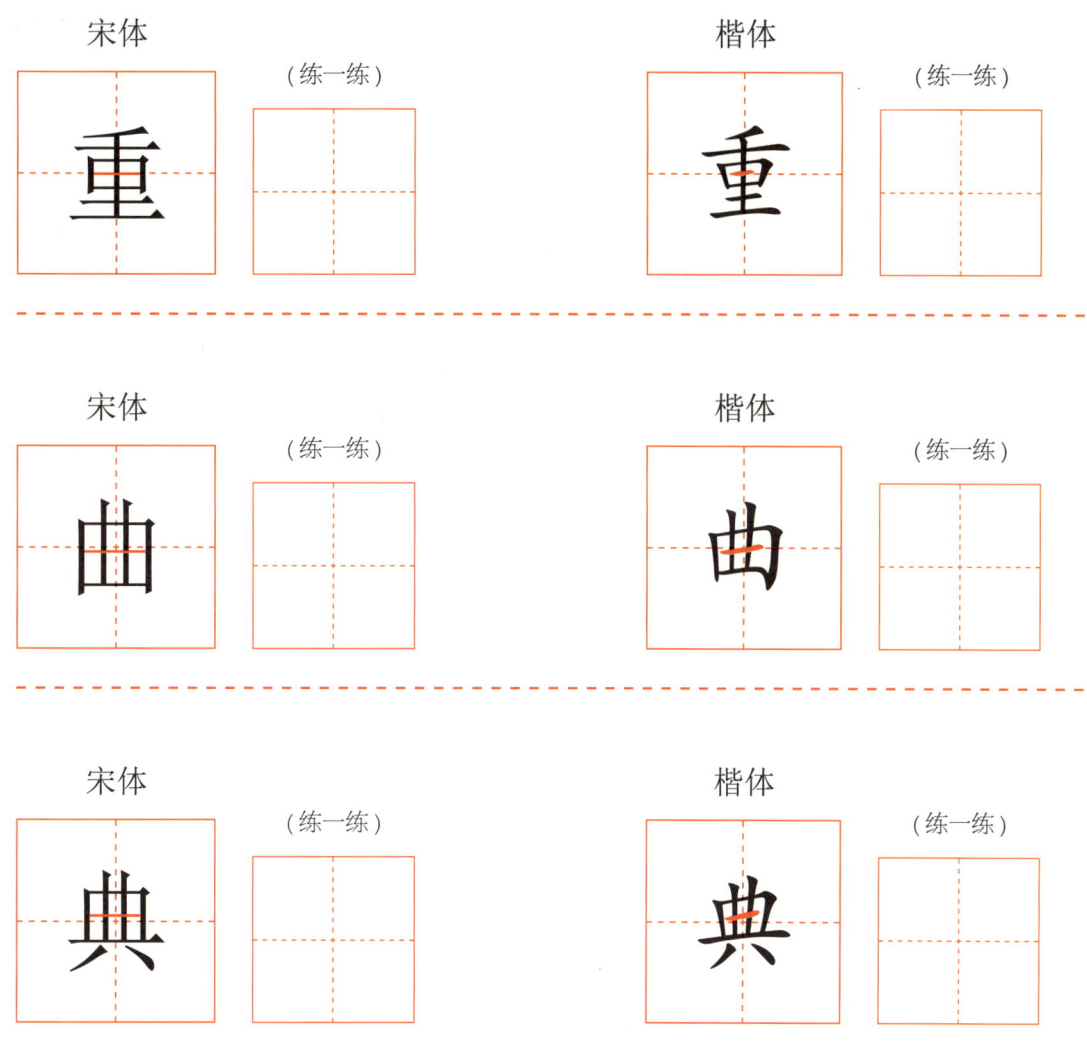

对于上述宋体与楷体字形上的差异，书写汉字时要注意分辨，不要把楷体汉字的字形误写成宋体汉字的字形。

书写汉字的要求

第三章 避让

避让

书写汉字时,要注意避让,以使汉字的结构方正。

1. 汉字书法中规定,末笔是"一"(横)的字(或笔画结构),当它们出现在合体字的左旁时,为了避让,其末笔的"一"(横)要变成"㇀"(提)。如果不避让,会使汉字的结构变成横宽。

如土、立、王的末笔都是"一"(横),当它们出现在合体字的左旁时,其末笔的"一"(横)都变成"㇀"(提),以使汉字的结构方正。

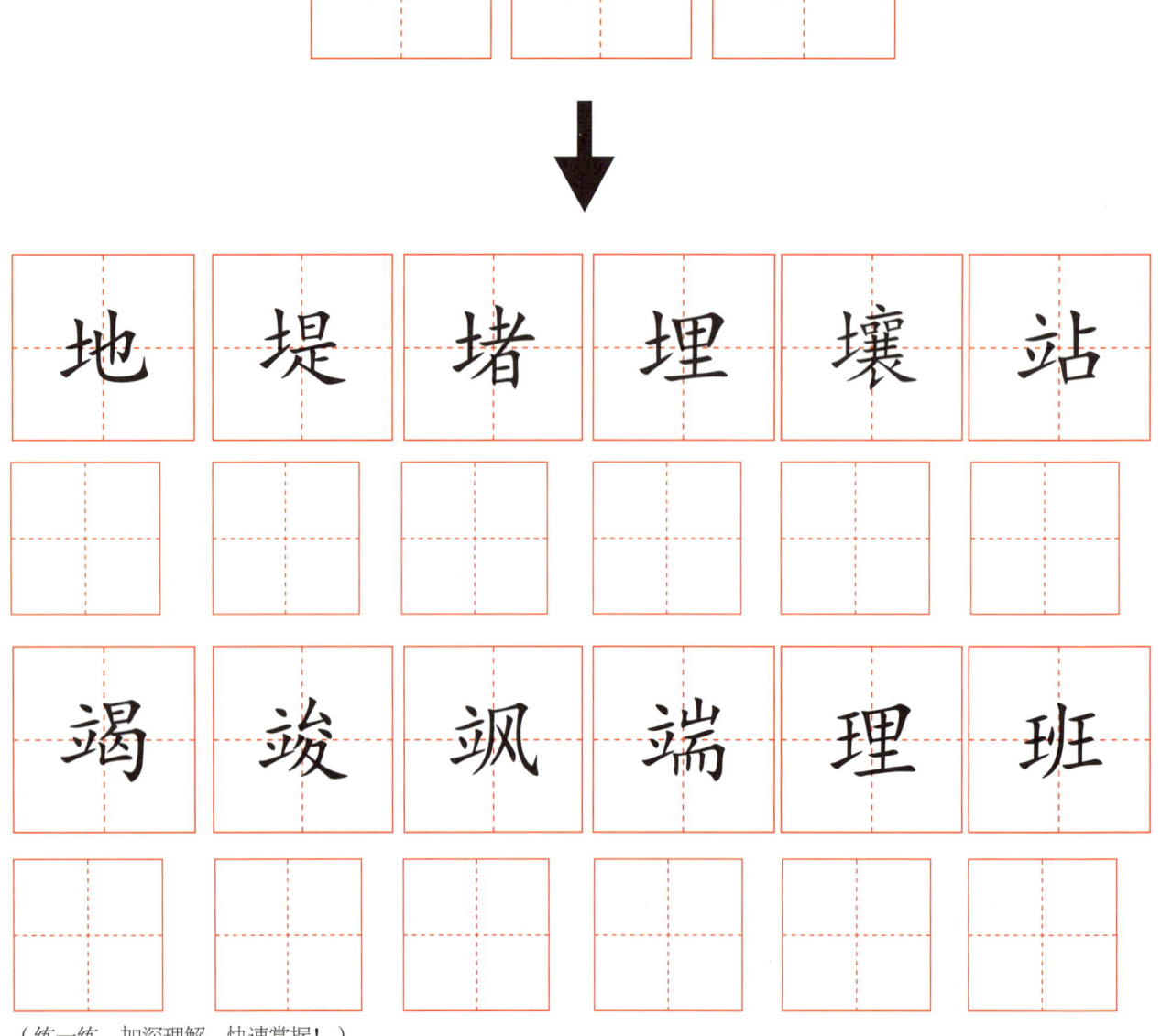

(练一练,加深理解,快速掌握!)

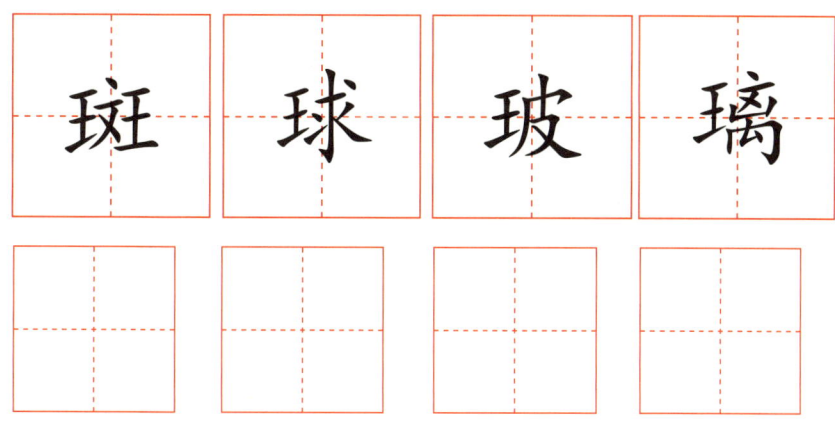

（练一练，加深理解，快速掌握！）

2. 汉字书法中规定，末笔是"㇏"（捺）的字（或笔画结构），当它们出现在非包孕结构合体字的左旁时，为了避让，其末笔的"㇏"（捺）变成"丶"（点），以使汉字的结构方正。如木、米、禾、人、又的末笔都是"㇏"（捺），当它们出现在非包孕结构合体字的左旁时，其末笔的"㇏"（捺）都变成"丶"（点）。

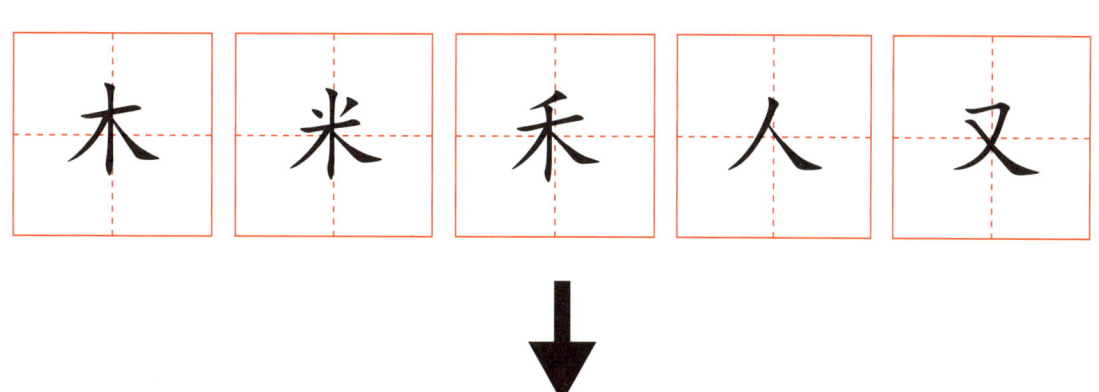

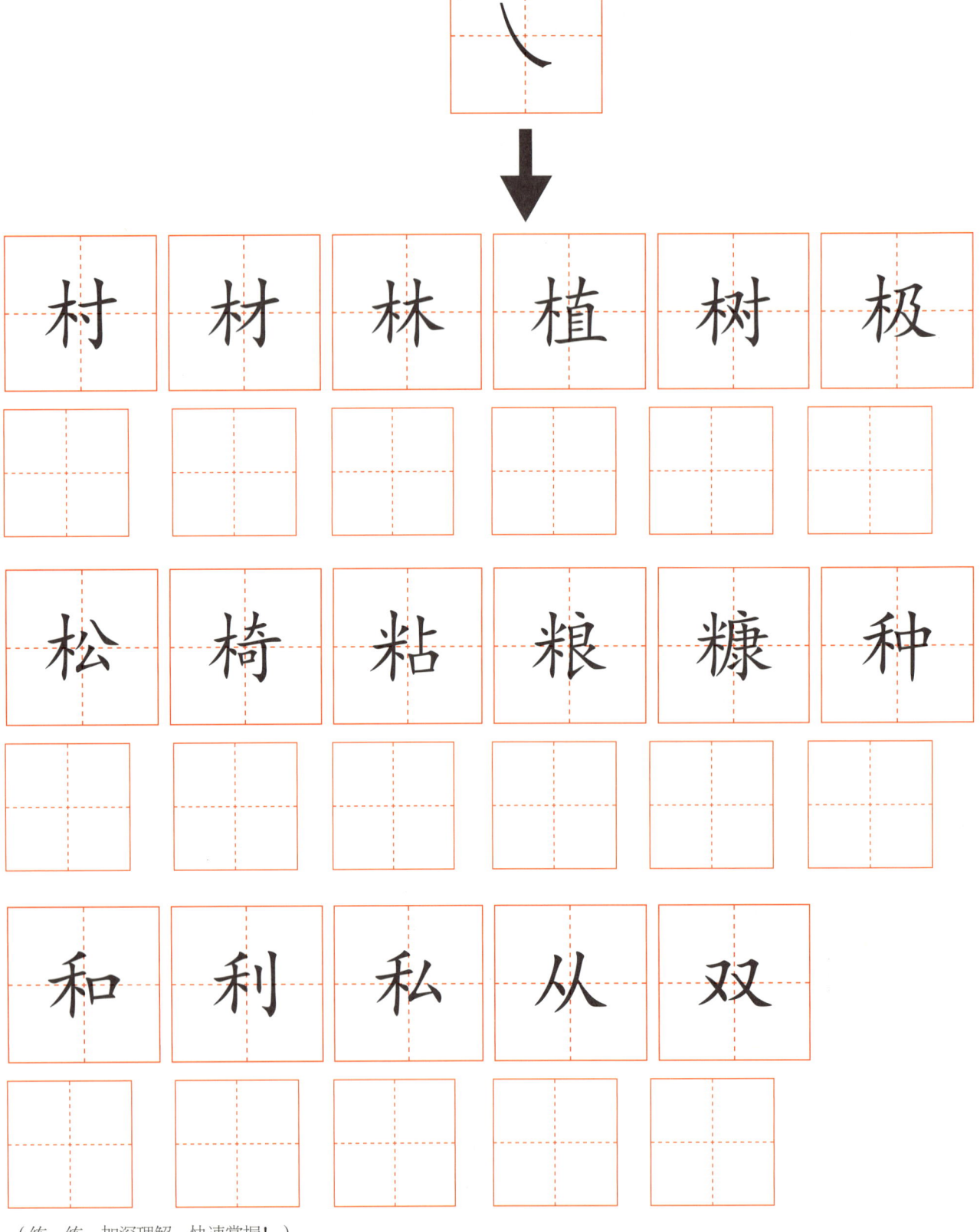

（练一练，加深理解，快速掌握！）

3. 末笔是"㇏"（捺）的字（或笔画结构），当它们出现在合体字全包围结构内部时，为了避让，其末笔的"㇏"（捺）变成"丶"（点），以使汉字的结构方正。如人、木、禾、大的末笔都是"㇏"（捺），当它们出现在合体字全包围结构内部时，其末笔的"㇏"（捺）都变成"丶"（点）。如囚、困、菌、因等。

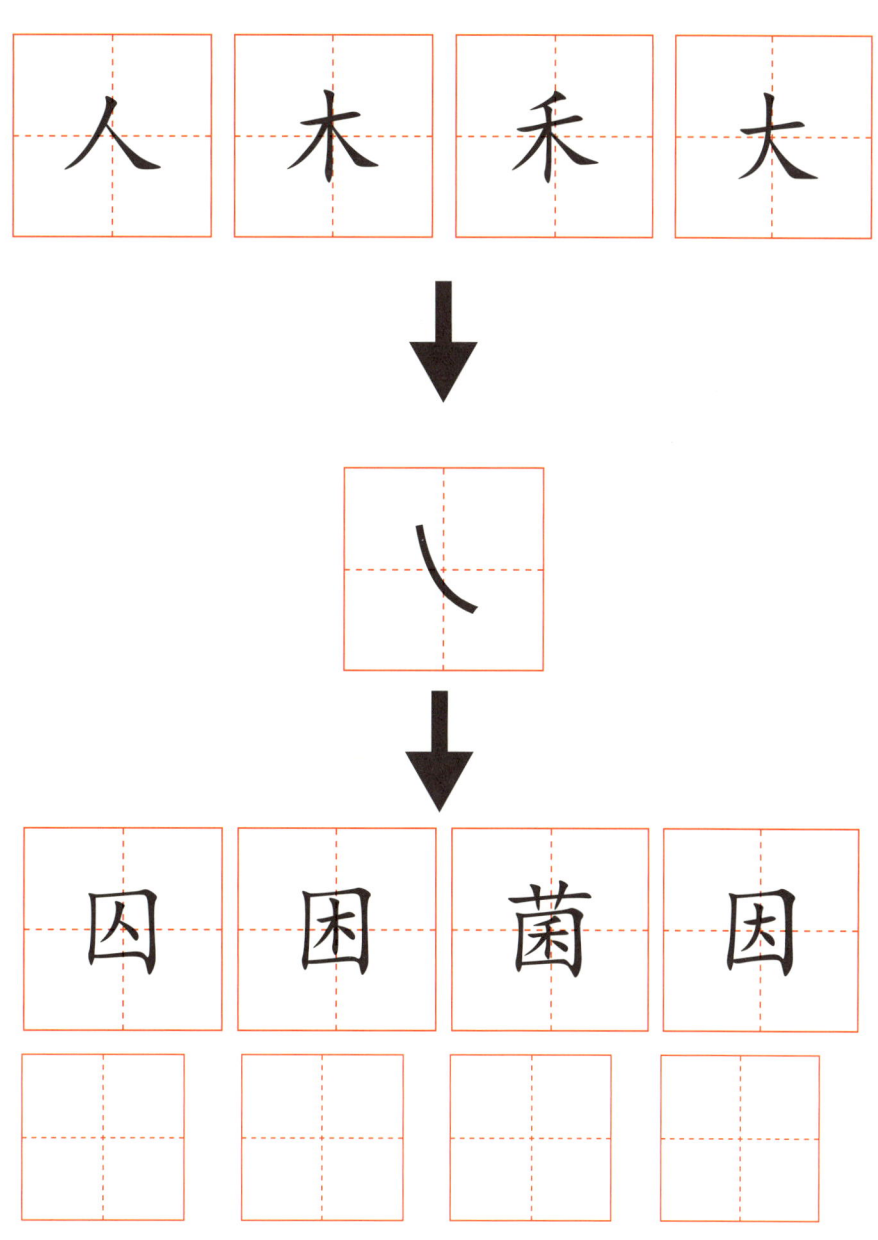

（练一练，加深理解，快速掌握！）

末笔是"㇏"(捺)的字(或笔画结构),当它们出现在上三包孕结构、左三包孕结构和下三包孕结构内部时,末笔"㇏"(捺)变成"丶"(点)。如闪、冈、区、医、凶等。

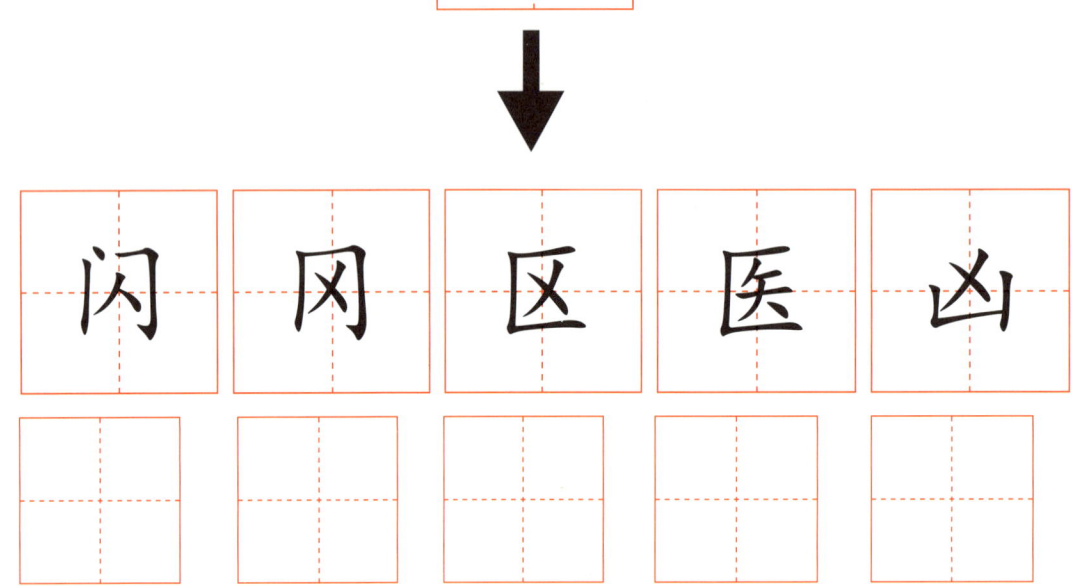

(练一练,加深理解,快速掌握!)

此外,末笔是"㇏"(捺)的字(或笔画结构)在特定条件下,为使汉字的结构方正,其末笔的"㇏"(捺)也变成了"丶"(点)。如奇、牵、粥中的大、米字中的末笔"㇏"(捺)变成了"丶"(点)。

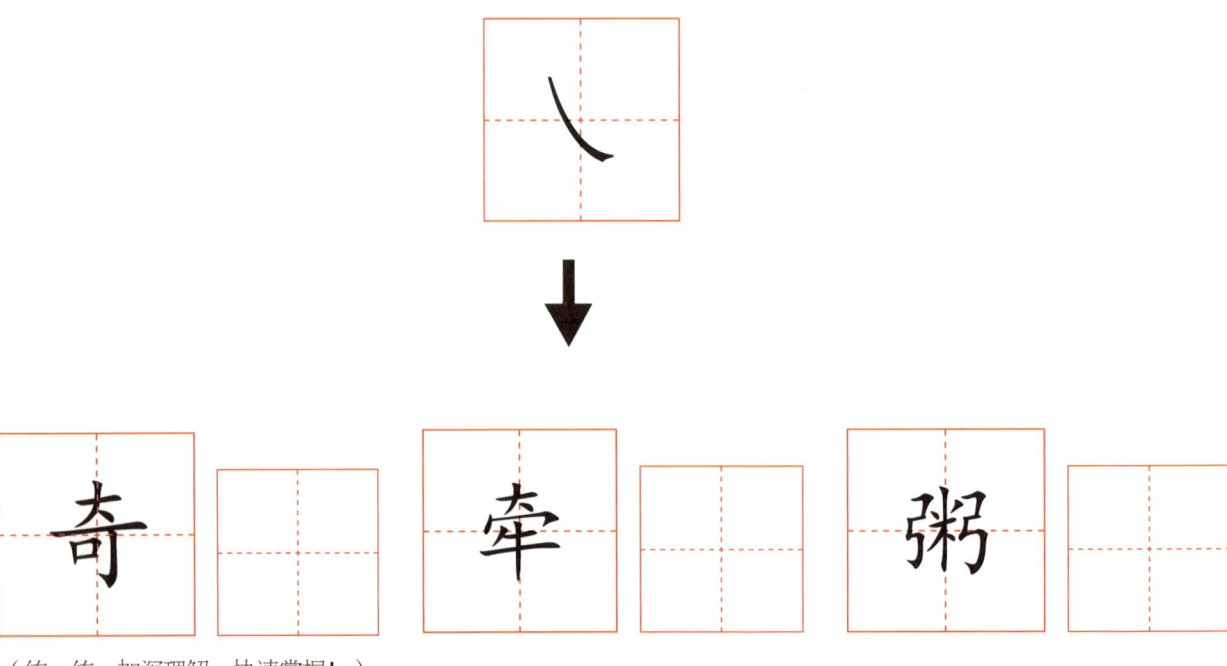

(练一练,加深理解,快速掌握!)

4. 汉字书法中规定，末笔是"乚"（竖弯钩）的字（或笔画结构），当它们出现在非包孕结构合体字的左旁时，为了避让，其末笔的"乚"（竖弯钩）变成"↙"（竖提），以使汉字结构方正。如七、己、匕、元、光的末笔都是"乚"（竖弯钩），当它们出现在非包孕结构合体字的左旁时，其末笔的"乚"（竖弯钩）变成"↙"（竖提）。如比、顽、切、改、辉、凯、顷等。

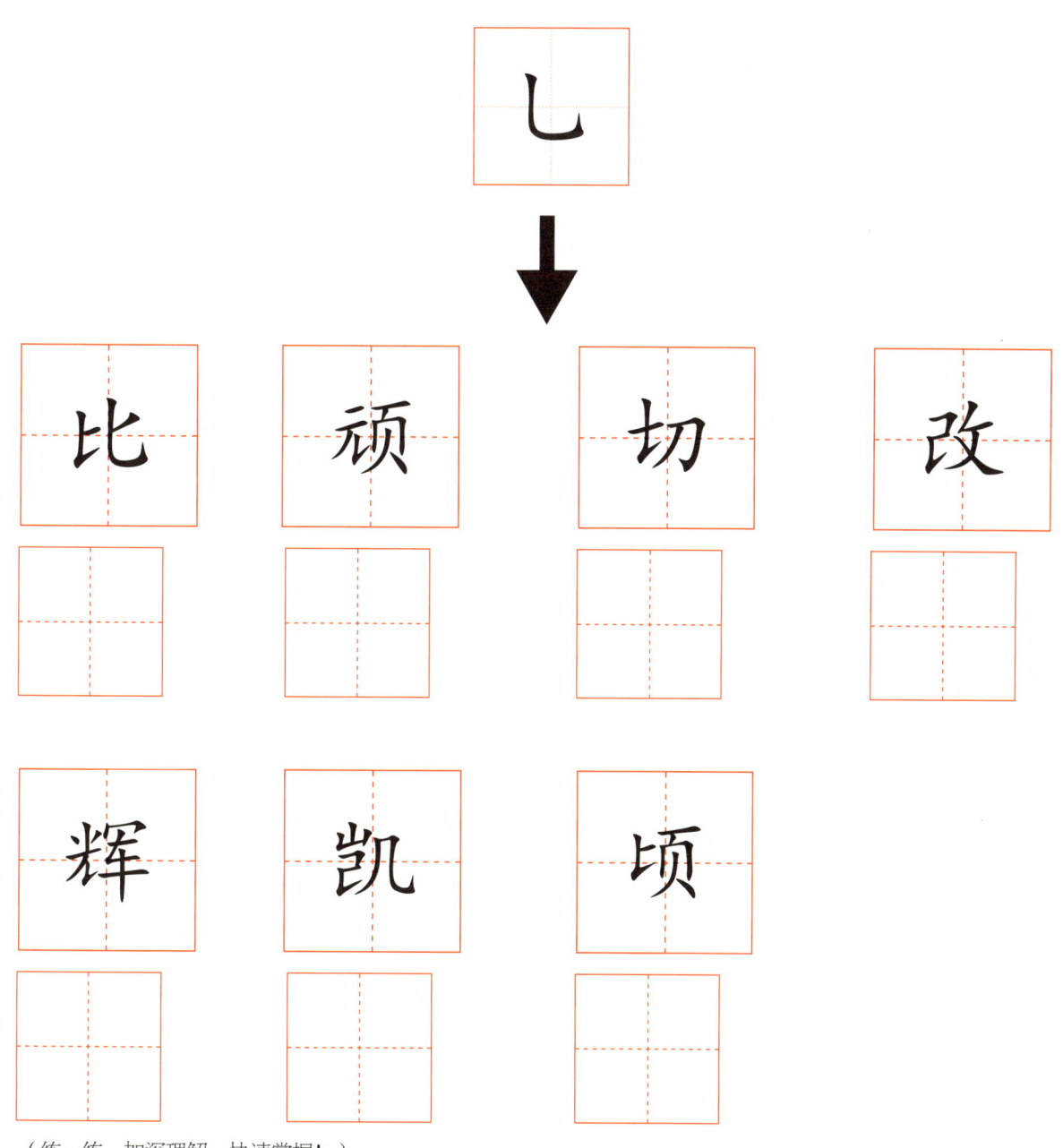

（练一练，加深理解，快速掌握！）

第四章 避重捺

书写汉字的要求

避重捺

书写汉字时，当遇到两个或多个捺笔紧邻，为使汉字结构重心平稳，按照书法的要求，要避重捺，即把其中的一个或多个捺笔变成点。

如"水"和笔画结构"夫"组合，其中"水"字中的捺笔与笔画结构"夫"中的捺笔紧邻，按照避重捺的要求，要将其中的一个捺笔变成点，从汉字结构方正、美观角度出发，则将"水"中的捺笔变成点，于是"水"则变形为"氺"，形成了合体字"泰"。

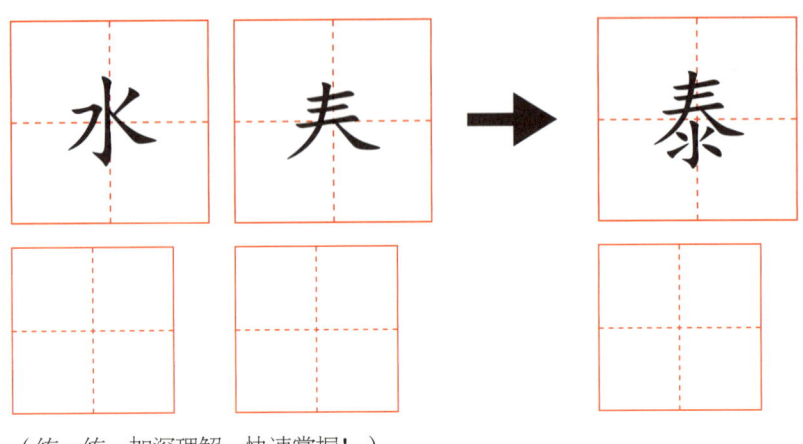

（练一练，加深理解，快速掌握！）

- -

再如，"禾"与"八""水"组合后，三个捺笔紧邻，按照避重捺的要求，要将其中的两个捺笔变成点，从汉字结构方正、美观的角度出发，"禾"中的末笔"㇏"（捺）变成点，"水"中的末笔"㇏"（捺）变成"点"，变形为"氺"，形成了合体字"黍"。

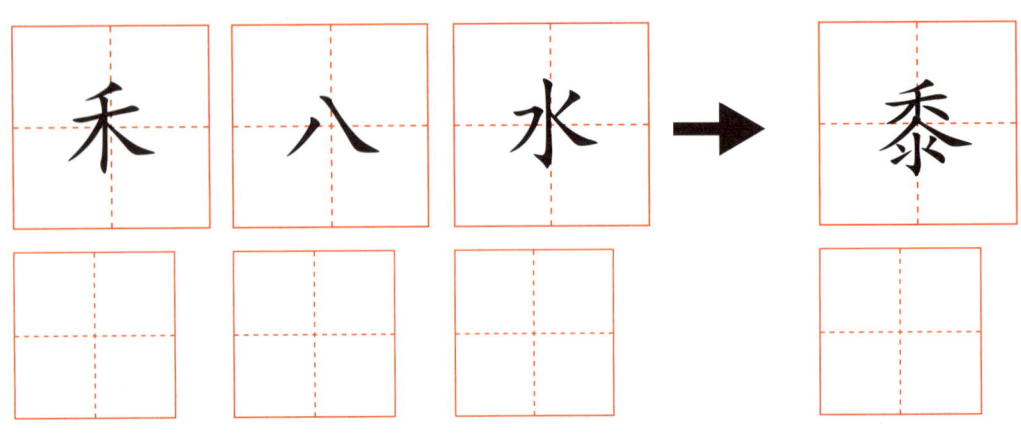

（练一练，加深理解，快速掌握！）

汉字中避重捺的字还有漆、膝、达、迷、迭、送、赵、趣、樊、攀、燮、裘、驳、寨、秦、茶、黎、滕、藤等。

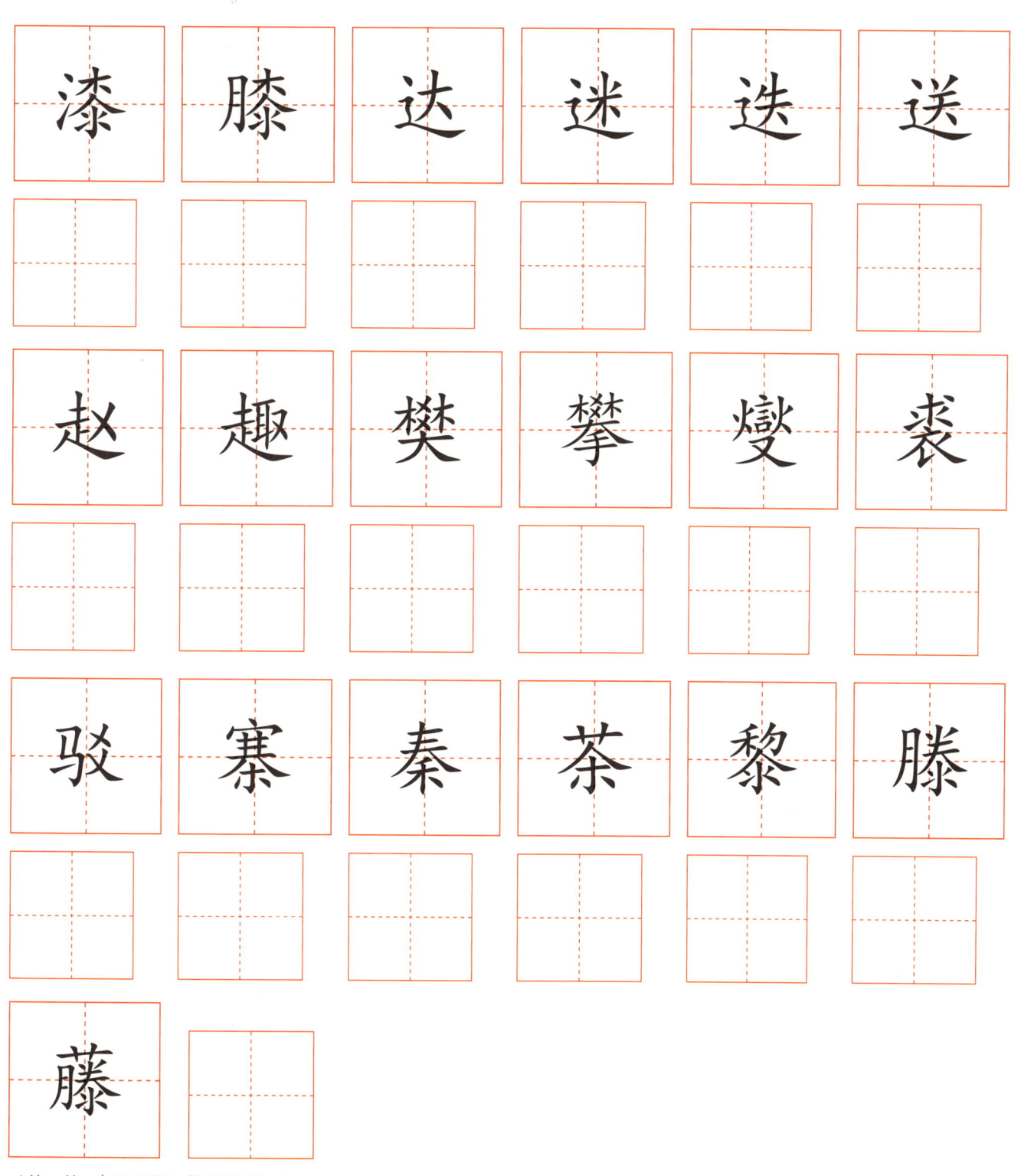

（练一练，加深理解，快速掌握！）

书写汉字的要求

第五章

合体字的构字方式

合体字的构字方式

汉字中合体字的构字方式有 12 种（已作为国际标准），其结构框图表示如下：

序号	结构框图	名称	例字			
1		左右结构	休		明	
2		上下结构	思		杏	
3		左中右结构	粥		班	
4		上中下结构	裹		奚	
5		全包围结构	囚		困	

6	▣	上三包孕结构	同		冈	
7	▣	下三包孕结构	凶		函	
8	▣	左三包孕结构	匠		区	
9	▣	左上包孕结构	病		原	
A	▣	右上包孕结构	司		句	
B	▣	左下包孕结构	毯		建	
C	▣	镶嵌结构	巫		噩	

（练一练，加深理解，快速掌握！）

书写合体字时，要掌握合体字的构字方式。楷体及其他三种印刷字体，其间架结构的设计均需遵循以下主要规律：

1. 上面是宝盖头的字，其余的笔画或笔画结构应帽于宝盖之下。如宇、家、宋、宗、宝。

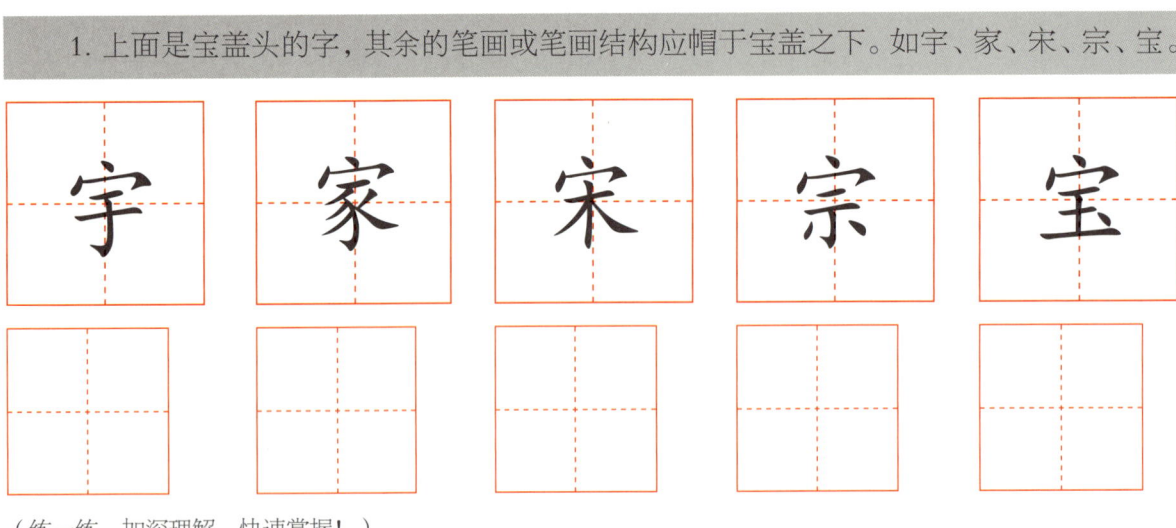

（练一练，加深理解，快速掌握！）

2. 下面有底托状的字，其余的笔画或笔画结构应托于其上。如孟、益、盂。

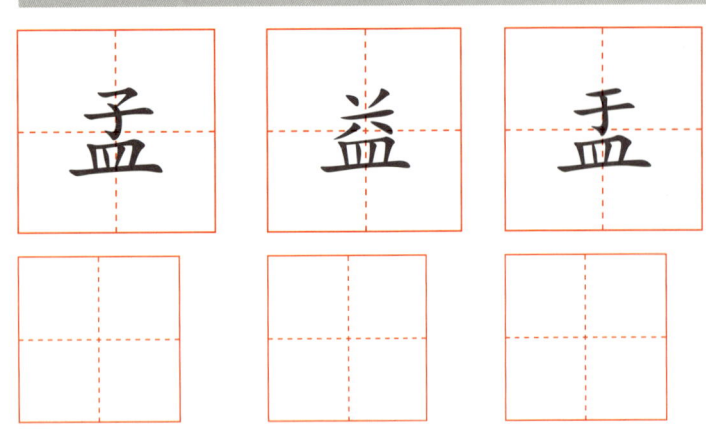

（练一练，加深理解，快速掌握！）

3. 以左半部为主的字，左边要高，右边要低。如部、都。

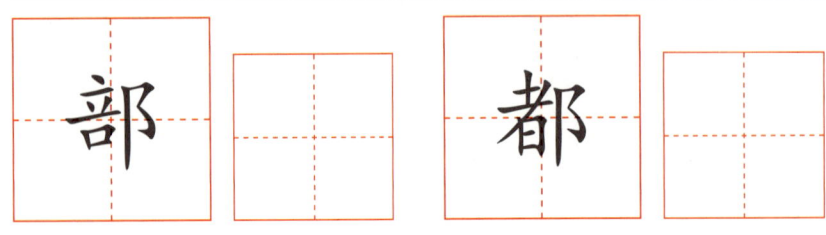

（练一练，加深理解，快速掌握！）

4. 以右半部为主的字，右边要长，左边要短。如绩。

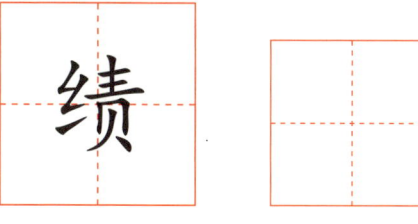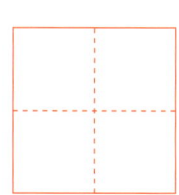

（练一练，加深理解，快速掌握！）

5. 由两个相等部分组成的字，左右要均匀。如顾。

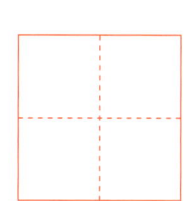

（练一练，加深理解，快速掌握！）

6. 由三部分组成的字，中间务正。如御。

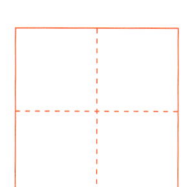

（练一练，加深理解，快速掌握！）

7. 由上下两部分组成的字，上下两部分各占一半。如需。

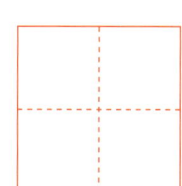

（练一练，加深理解，快速掌握！）

8. 上中下三部分组成的字，头和底伸缩要得当。如意。

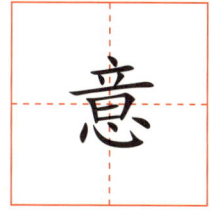

（练一练，加深理解，快速掌握！）

9. 左偏旁小的字，要上边取齐。如吸。

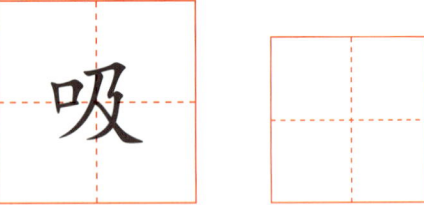

（练一练，加深理解，快速掌握！）

---

10. 右偏旁小的字，要下边取齐。如知。

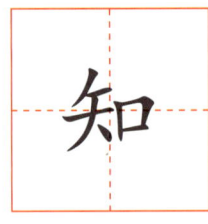 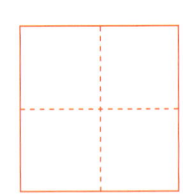

（练一练，加深理解，快速掌握！）

---

11. 外围四叠的字（指四个口），整个字形要正、方。如器。

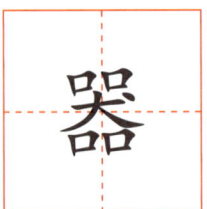 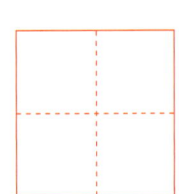

（练一练，加深理解，快速掌握！）

---

12. 内为四叠的字布置要均匀、紧密。如爽。

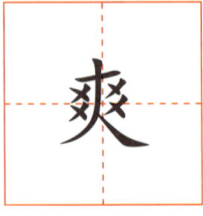 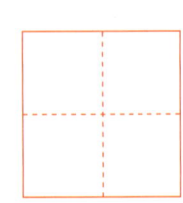

（练一练，加深理解，快速掌握！）

---

13. 以上部为主的字，应让上边宽。如普。

 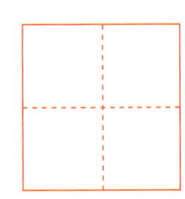

（练一练，加深理解，快速掌握！）

14. 以下部为主的字，下部应宽。如表。

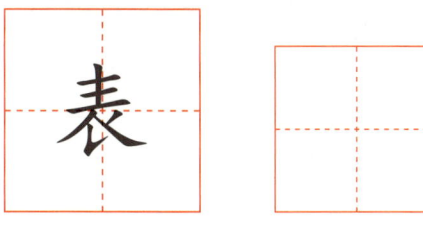

（练一练，加深理解，快速掌握！）

15. 以左部为主的字，左部应大。如敬。

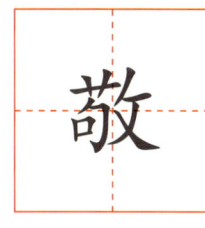 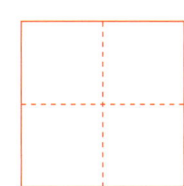

（练一练，加深理解，快速掌握！）

16. 以右部为主的字，右部可丰满些。如施。

 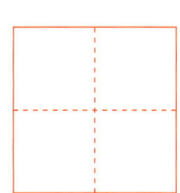

（练一练，加深理解，快速掌握！）

17. 以左右为主的字，中间宜小。如弼。

 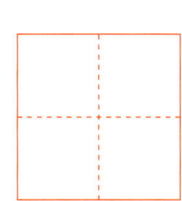

（练一练，加深理解，快速掌握！）

18. 以中间为主的字，中部应大。如掷。

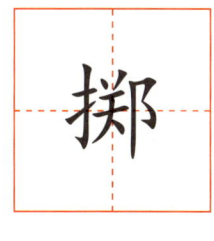 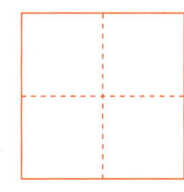

（练一练，加深理解，快速掌握！）

19. 以上下为主的字，中间应小。如爨。

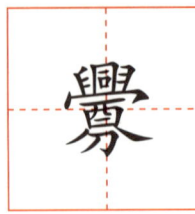 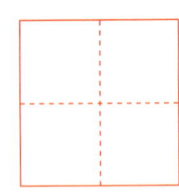

（练一练，加深理解，快速掌握！）

20. 结构错综复杂的字，要穿插避让。如馨。

 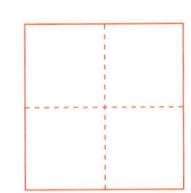

（练一练，加深理解，快速掌握！）

21. 结构紧密的字，布置要得当，不要拥挤、杂乱。如囊。

 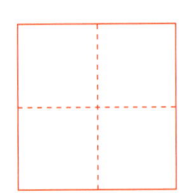

（练一练，加深理解，快速掌握！）

第六章 书写汉字的要求

关注个别汉字字形

关注个别汉字字形

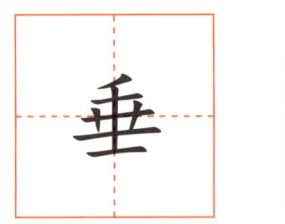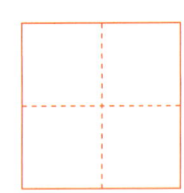

书写汉字时,对个别汉字(或笔画结构)的字形要特别关注,注意分辨。
如规范字形"垂",其倒数第二笔的横与末笔的横是"上长下短",习惯上易写成"上短下长"的"垂"。

(练一练,加深理解,快速掌握!)

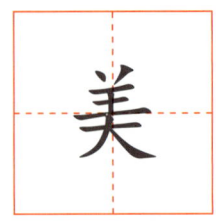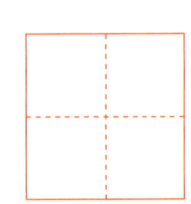

再如规范字形"美",上边"羊"的末笔横与下边的"大"中的横是"上长下短",习惯上易写成"上短下长"的"美"。

(练一练,加深理解,快速掌握!)

在现代汉语通用字范围内需特别关注的字(或笔画结构)有:

1. "甬"构成的合体字,有的带钩,有的不带钩。如"恿"(带钩),"勇"(不带钩)。

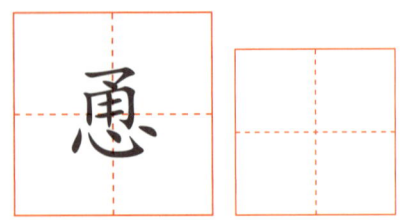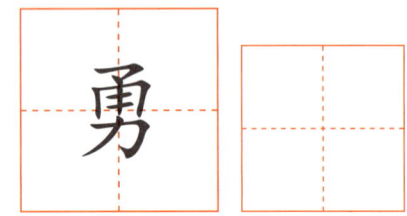

(练一练,加深理解,快速掌握!)

2. "敝"构成的合体字,有的带钩,有的不带钩。如"弊、憋、瞥"(带钩),"鳖、蹩、撇"(不带钩)。

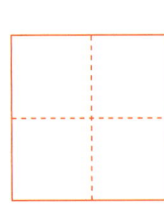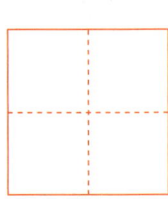

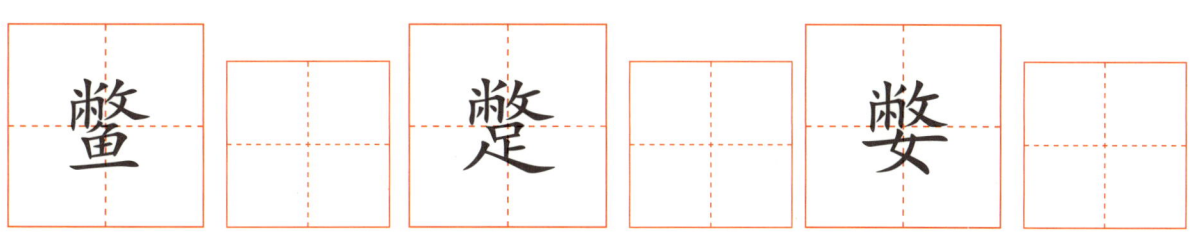

（练一练，加深理解，快速掌握！）

3. "枭"中的"一"（横）包在"鸟"内，"袅"中的"一"（横）在"鸟"之下。

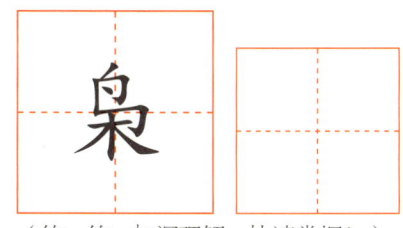 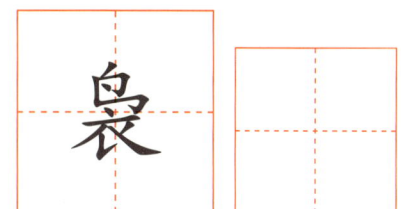

（练一练，加深理解，快速掌握！）

4. "幸、里、半、羊、重"中的末笔"一"（横）长，而"垂、亲、美、辛"中末笔的"一"（横）短。

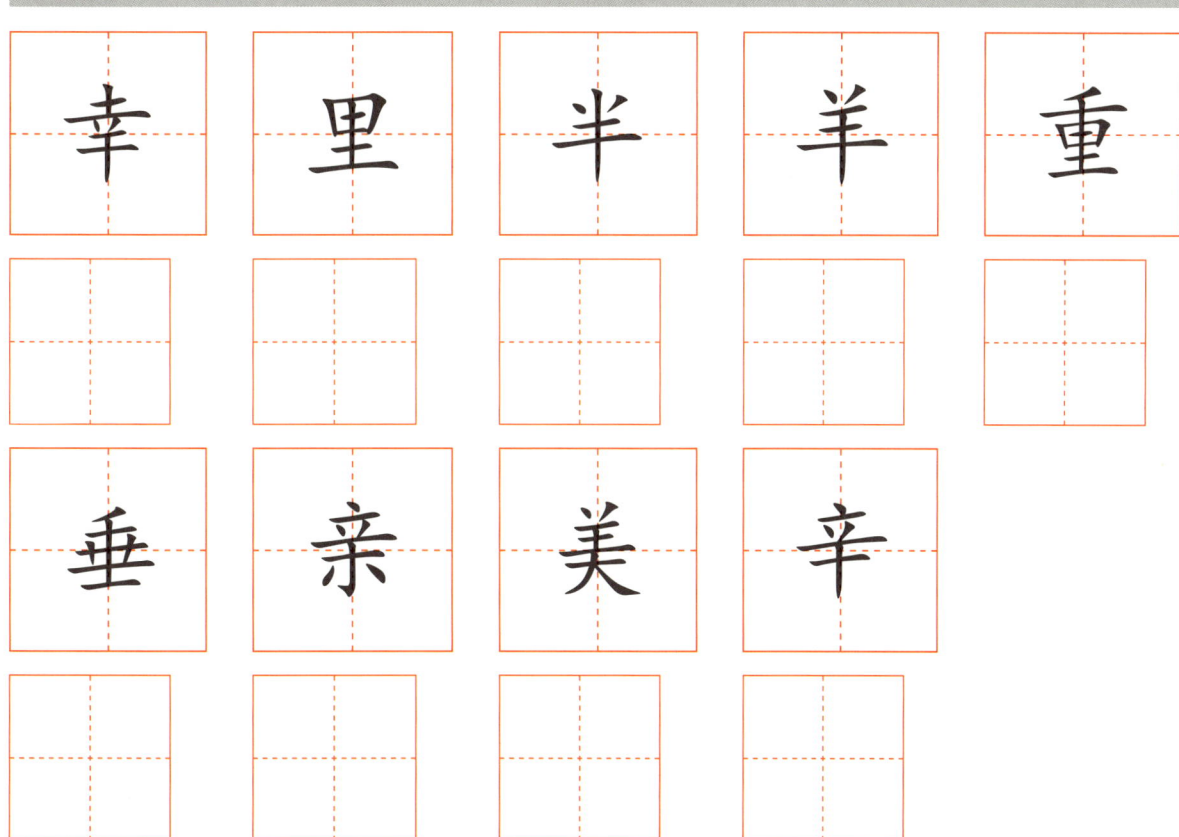

（练一练，加深理解，快速掌握！）

5. "勿"（葱）中间的"、"（点）与两个撇笔相交，而"豖"（琢、啄、涿、诼）中间的"、"（点）与第一个撇笔相交。

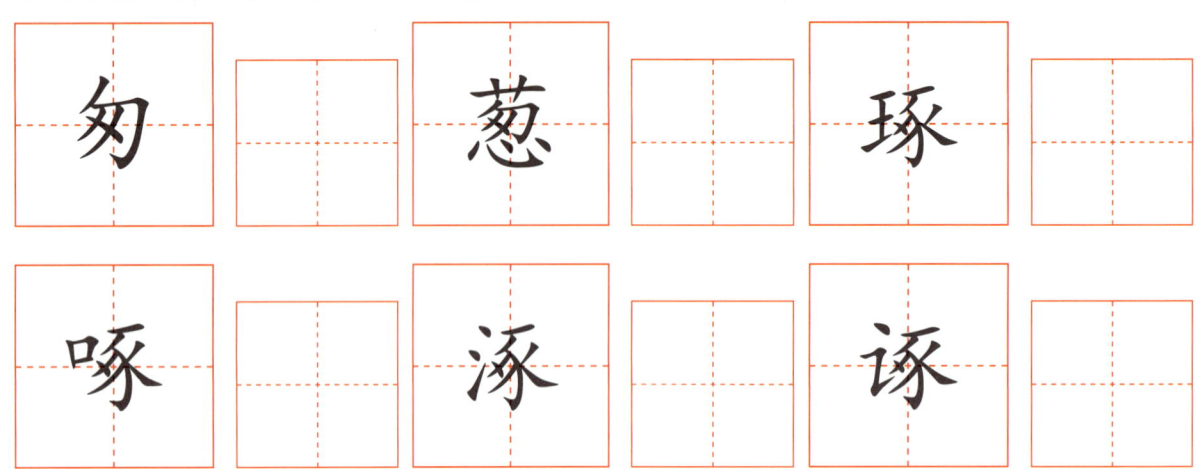

（练一练，加深理解，快速掌握！）

6. "夕"（名、多、汐、矽、穸）中间的"、"（点）与第二笔的折笔相接，而"夕"（囱、窗、骢、璁、熜）中间的"、"（点）与第二笔的折笔相交。

（练一练，加深理解，快速掌握！）

7. "丸"出现在合体字右边时变形为"丸"。如执、热、垫、势、汍、纨等。

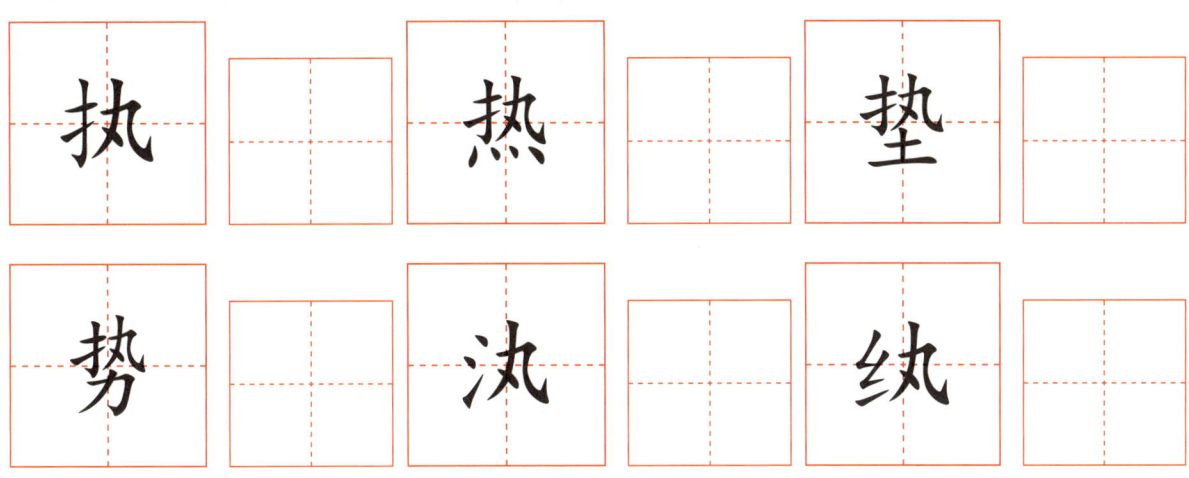

（练一练，加深理解，快速掌握！）

8. "辱"（上下结构），当其出现在合体字中时变成"辱"（包孕结构）。如褥、薅、缛、溽、蓐、鄏等。

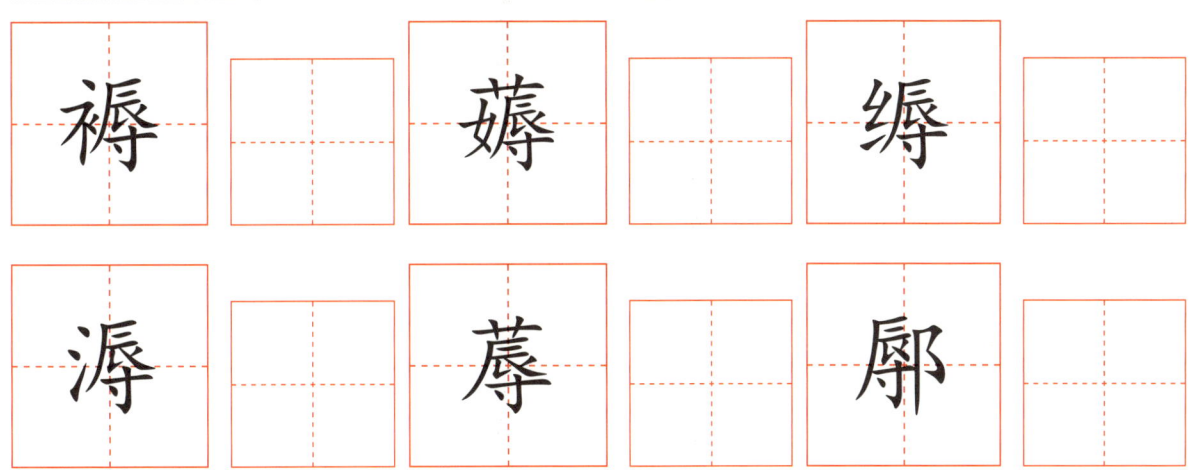

（练一练，加深理解，快速掌握！）

灵飞经·钟绍京

行此道忌淹汙經死喪之家不得與人同牀寢衣服不假人禁食五辛及一切肉又對近婦人尤禁之甚令人神喪魂亡生邪失性災及三世死為下鬼常當燒香於寢牀之首也

上清瓊宮玉符乃是太極上宮四真人所受於太上之道當須精誠潔心澡除五累遺穢汙之塵濁杜淫欲之失正目存六精凝思玉

真香煙散室孤身幽房積毫累著和魂保中彷彿五神遊生三宮審空竟於常輩守寂默以感通者六甲之神不踰年而降已也子能精修此道必破券登仙矣信而奉者為靈人不信者將身沒九泉矣
上清六甲虛映之道當得至精至真之人乃得行之行之既速致通降而靈氣易發久勤

修之坐在立止長生久視變化萬端行廚卒
致也
九疑真人韓偉遠昔受此方於中岳宋德
玄者周宣王時人服此靈飛六甲得道跣
一日行三千里數變形為鳥獸得真靈之道
令在嵩高偉遠久隨之乃得受法行之道成
今雲九疑山其女子有郭勺藥趙愛兒王魯

連等並受此法而得道者復數十人或遊玄
州或豪東華方諸臺今見在也南岳魏夫人
言此云郭句藥者漢度遼將軍陽平郭騫女
也少好道精誠真人因授其六甲趙愛兒者
幽州刺史劉虞別駕漁陽趙詠姊也好道得
尸解後又受此符王魯連者魏明帝城門校
尉范陵王伯緇女也亦學道一旦忽委壻李

子期入陸渾山中真人又授此法子期者司
州魏人清河王傅者也其常言此婦狂走云
一旦失所在
上清六甲靈飛隱道服此真符遊行八方行
此真書當得其人按四極明科傳上清內書
者皆列盟奉䞇啟擔乃宣之七百年得付六
人過年限足不得復出洩也其受符皆對齋

七日齎有經之師上金六兩白素六十尺金鐶六雙青絲六兩五色繒各廿二尺以代翦髮歃血登壇之擔以盟奉行靈符玉名不洩之信矣違盟負信三祖父母獲風刀之考詰積夜之河涷蒙山巨石填之水津有經之師受齎當施散於山林之寒栖或投東流之清源不得私用割損以贍己利不遵科法三官考察死為下鬼

图书在版编目（CIP）数据

书写汉字的要求 / 傅永和著；刘栋慧编. -- 杭州：西泠印社出版社，2019.1（2022.11重印）
ISBN 978-7-5508-2470-6

Ⅰ. ①书… Ⅱ. ①傅… ②刘… Ⅲ. ①汉字－书写规则 Ⅳ. ①H124.7

中国版本图书馆CIP数据核字(2018)第193494号

书写汉字的要求　傅永和 著　刘栋慧 编

出 品 人	江　吟
责任编辑	伍　佳
特约编辑	谢　萌
责任出版	冯斌强
装帧设计	王宇笙　刘雨墨
出版发行	西泠印社出版社

（杭州市西湖文化广场32号5楼　邮政编码　310014）

经　销	全国新华书店
制　版	北京瀚源文汇文化传播有限公司
印　刷	杭州捷派印务有限公司
开　本	889mm×1194mm　1/16
印　张	4.5
印　数	5001—15000
书　号	ISBN 978-7-5508-2470-6
版　次	2019年1月第1版　2022年11月第2次印刷
定　价	39.00元

版权所有　翻印必究　印制差错　负责调换
西泠印社出版社发行部联系方式：（0571）87243079